Dieter Strempel (Hrsg.) • Mediation für die Praxis

# MEDIATION
# für die Praxis

## RECHT · VERFAHREN · TRENDS

Herausgegeben von Dieter Strempel

Mit Beiträgen von
Reiner Bastine, Andrea Budde, Hannelore Diez,
Peter J. Emerson, Heidrun Gerwens-Henke, Heiner Krabbe,
Roland Kunkel, Angela Mickley, Roland Proksch,
Georg Schmidt-von Rhein, Dieter Rössner, Dieter Scholz,
Dieter Strempel, Bernd Wegmann, Birgit Weinmann-Lutz

Die Deutsche Bibliothek – CIP-Einheitsaufnahme

**Mediation für die Praxis** : Recht, Verfahren, Trends / hrsg. von
Dieter Strempel. Mit Beitr. von Reiner Bastine ... – Berlin ; Freiburg
i. Br. : Haufe, 1998
   ISBN 3-448-03798-2

ISBN 3-448-03798-2                                           Bestell-Nr. 07031

1. Auflage 1998
© Rudolf Haufe Verlag GmbH & Co. KG, Freiburg · Berlin 1998
Lektorat: Dr. Uwe Melzer, Redaktion Berlin
Satz: MediaSoft Satzstudio Berlin
Herstellung: Rudolf Haufe Verlag, Freiburg i. Br.

Das Papier ist aus chlorfrei gebleichtem Zellstoff hergestellt.

# Inhaltsverzeichnis

# Inhaltsverzeichnis

**Beilage**
Fragebögen des Dokumentationssystems DoSys

DIETER STREMPEL

# Mediation
# in Rechtspflege und Gesellschaft
## – Eine Einführung –

Streitkultur ist Ausdruck der Justizkultur in einer Gesellschaft. Das ist die die Rechtspflege immer wieder bewegende Frage, *wie Konflikte behandelt und gelöst werden*. Das soll an zwei Ansätzen von *Jhering* (unter Abschnitt 1) und *Luhmann* (unter Abschnitt 2) verdeutlicht werden, bevor in den folgenden Abschnitten zu *Mediation als Ausdruck einer neuen Streitkultur* (Abschnitt 3) und zu den Konsequenzen für eine moderne *Ausbildung in der Konfliktbewältigung* (Abschnitt 4) Stellung genommen wird. Unter 5. wird ein Ausblick auf die Beiträge dieser Broschüre gegeben, die das entstandene *Informationsdefizit* beheben sollen.

## 1. Jherings Kampf ums Recht

Als Quintessenz seines berühmt gewordenen Vortrags mit dem gleichlautenden Titel hält Jhering fest: „Das Preisgeben eines verletzten Rechts ist ein Akt der Feigheit, der der Person zur Unehre und dem Gemeinwesen zum größten Schaden gereicht; der Kampf um das Recht ist ein Akt der ethischen Selbsterhaltung, eine Pflicht gegen sich selbst und die Gemeinschaft."

Dieser 1872 in Wien gehaltene Abschiedsvortrag[1] übertrifft an Resonanz, Auflagenzahl und internationaler Verbreitung – mehr als 50 Übersetzungen in andere Sprachen sind nachweisbar – alle vergleichbaren Juristenschriften. Seine prägende Wirkung auf die Justizkultur bis heute ist nicht von der Hand zu weisen. Dabei kann man in den **Zielen**, die Jhering für das Recht festlegt, noch übereinstimmen, nämlich *die Herstellung des Rechtsfriedens und die Gewährung der Rechtssicherheit*. Aber die **Mittel**, zu diesen Zielen zu gelangen, haben sich seitdem doch weiterentwickelt. Jhering vergleicht z. B. aus seiner damaligen Sicht noch das *Eigentum als Genuß der Arbeit* mit dem *Frieden als dem Genuß des Kampfes:* „Beim Eigentum ist die Kehrseite des

1 *Jhering,* Der Kampf ums Recht, Wien 1872.

Genusses die Arbeit, und beim Recht ist die Kehrseite des Friedens der Kampf. Erfahrene Juristen wissen, daß das Recht ein Kampf ist, und sind berufen, bei diesem Kampf hilfreiche Hand zu leisten."

Die zivilisierte Form dieses Kampfes ist der **Zivilprozeß** mit dem Kläger und dem Beklagten als Kampfgenossen, den Rechtsanwälten als Kampfhelfern und dem Richter als Kampfrichter. Dieses der Zivilprozeßordnung (ZPO) von 1877 zugrundeliegende Kampfmodell bestimmt bis heute die Auseinandersetzung um Recht oder Unrecht und damit das Rechtsbewußtsein des Rechtsstabes und der Rechtsgenossen. So lesen wir noch heute in renommierten Zivilprozeßrechts-Lehrbüchern als Zweck des Zivilprozesses: „Durch das rechtskräftige Urteil wird der Rechtsfrieden wiederhergestellt ... Der Meinung, die in der ‚Befriedung' den Zweck des Prozesses sieht, steht die Auffassung nahe, die Konfliktlösung als Prozeßzweck betrachtet." [2]

Aber inzwischen finden wir schon Forderungen nach dem „Zivilprozeß der Zukunft", der aus der Sicht der geschichtlichen Entwicklung und der Richterpraxis weniger vom Kampfgedanken dominiert werden sollte.[3] Auch heute soll der Richter natürlich auf eine materielle Konfliktentschärfung durch gütliche Beilegung des Konflikts (§ 279 ZPO) bedacht sein. Aber die Marginalität des Prozeßvergleichs gegenüber der Streitentscheidung kommt schon rein quantitativ dadurch zum Ausdruck, daß alle übrigen 1 047 Paragraphen der ZPO – wenn man von dem Schiedsverfahren einmal absieht – das *Streit*verfahren regeln. Daraus ergibt sich die berechtigte Frage, inwieweit dieses *Kampf-ums-Recht-Modell* unseren heutigen Ansprüchen an **konsensuelle Konfliktregelung** und an **Konfliktmanagement** noch gerecht wird, wo man bei einem gegenüber 1877 erheblich angewachsenen Rechtsstatus eines jeden um des Friedens willen nicht immer auf sein Recht pochen muß.

## 2. Luhmanns Ansatz der Gerichte als ausdifferenziertes Teilsystem des Rechtssystems

Systemtheoretisch gesehen hat sich – wie das Wirtschaftssystem oder das Wissenschaftssystem – auch das Rechtssystem als System ausdifferenziert. Dabei werden zwei Systemreferenzen vorausgesetzt – das Rechtssystem und das Gesellschaftssystem, wobei *Gesellschaft* als umfassendes, alles Soziale

2 *Rosenberg/Schwab/Gottwald*, Zivilprozeßrecht, 15. Aufl., München 1993, S. 3.
3 *Greger*, Vom „Kampf ums Recht" zum Zivilprozeß der Zukunft, JZ 1997, S. 1077–1083.

einschließendes System angesehen wird. Die Gesamtordnung des Rechtssystems kommt nach *Luhmann*[4] darin zum Ausdruck, daß das allgemeine System-Umwelt-Verhältnis der Teilsysteme eingeschränkt ist durch Ordnungsvorgaben für System-zu-System-Beziehungen. Als solche Vorgabe sieht er – anders als in dem geläufigen Hierarchiemodell – die **Differenz von Zentrum und Peripherie** an. Die Organisation der Gerichtsbarkeit ist demnach dasjenige Teilsystem, in dem das Rechtssystem sein *Zentrum* hat. Alle anderen nicht gerichtlichen Arbeitsbereiche des Rechtssystems – wie Gesetzgebung, Vertragsabschlüsse sowie Rechtsberatung – gehören zur *Peripherie*. Nur im Zentrum gilt das mit dem Rechtsgewährsanspruch des Grundgesetzes (Art. 19 Abs. 4 GG) abgesicherte **Verbot der Justizverweigerung**; denn Verträge müssen nicht abgeschlossen werden, Gesetze müssen nicht erlassen werden, aber Gerichte **müssen** jeden ihnen vorgelegten Fall entscheiden. Gerichte müssen sogar dort entscheiden, wo sie nicht entscheiden können oder jedenfalls nicht innerhalb vertretbarer Standards der Rationalität. Und wenn sie nicht entscheiden können, dann müssen sie sich zwingen, es zu können. So gilt: Wenn das Recht nicht **ge**funden werden kann, muß es **er**funden werden, eben *gesprochen* werden. Das meint der Begriff Rechtsprechung! *Luhmann* nennt dies die *Paradoxie des unentscheidbaren Entscheidens* und weist den Gerichten zugleich das *Paradoxiemanagement des Systems* zu, das erst durch die richterliche Unabhängigkeit möglich ist. Auch *Habermas* hat das Gerichtsverfahren als den *Fluchtpunkt für die Analyse des Rechtssystems* bezeichnet.[5]

Diese systemtheoretische Betrachtungsweise des Rechtssystems von Zentrum und Peripherie hat aber auch wesentliche Folgen für die Problematik *konsensueller Konfliktlösung*: Wenn Gerichte unter Entscheidungszwang gesetzt sind, können sie nicht zugleich von Konsens abhängig sein, denn sie müssen alle Fälle entscheiden, auch die, in der die Rechtsgeltung nicht auf gesichertem Konsens beruht. *Luhmann* geht in diesem Zusammenhang sogar so weit zu fragen, ob Gerichtsverfahren überhaupt ein geeigneter Mechanismus zur Lösung von Konflikten sind, wenn als direkte Konsequenz des Entscheidungszwangs nur sehr enge Themenausschnitte justitiabel sind – Ausschnitte aus einem normalerweise sehr breiten Spektrum von konfliktauslösenden, -steigernden oder -abschwächenden Faktoren. So werden Konsensanforderungen an die Peripherie abgeschoben und entweder in der Form des autonomen *Vertrags* oder des über die politische Konsensbildung zustande gekommenen *Gesetzes* eingeführt. Eine solche **vertragliche Konfliktlösung** stellt auch die **Mediation** als Form außergerichtlicher oder

---

4 *Luhmann*, Das Recht der Gesellschaft, Frankfurt 1993, S. 297ff.
5 *Habermas*, Faktizität und Geltung, 5. Aufl., Frankfurt 1997, S. 241.

alternativer Streitbeilegung dar, die daher in erster Linie außerhalb des Zentrums des Rechtssystems, das die Gerichte einnehmen, funktioniert. Damit gewinnt die **Schnittstelle** außergerichtliche/gerichtliche Konfliktregelung, die empirisch schon vielfach belegt wurde[6], systemtheoretisch und justizpraktisch eine besondere Bedeutung.

## 3. Mediation als Ausdruck neuer Streitkultur an der Peripherie des Justizsystems

Außergerichtliche Streitbeilegung hat in den letzten Jahren in der Rechtspflege der Bundesrepublik Deutschland ein rasch zunehmendes Interesse gefunden, und zwar in so verschiedenen Rechtsgebieten wie *Familienrecht* (Mediation), *Verwaltungsrecht* (kooperatives Verwaltungshandeln), *Arbeitsrecht sowie Strafrecht* (Täter-Opfer-Ausgleich). Am wenigsten neu ist diese Form der Streitbeilegung im *Zivilrecht*, wo die Anwaltschaft einen Großteil ihrer Fälle außergerichtlich in der eigenen Kanzlei erledigt.[7] Daneben besteht ein breites Angebot an Schieds- und Schlichtungsstellen.[8] Im Forschungsprogramm *Strukturanalyse der Rechtspflege (SAR)* des Bundesministeriums der Justiz haben sich verschiedene Untersuchungen mit der Schnittstelle zwischen außergerichtlicher und gerichtlicher Konfliktbearbeitung befaßt.[9] Damit wird erstmals ein umfassender Blick auf die außerhalb der Gerichte liegenden Rechtsdienste und deren Wirkung auf den gerichtlichen Geschäftsanfall geworfen.

Jetzt hat auch die Rechtspolitik diese Forschungsergebnisse aufgegriffen, wie die Forderungen der Landesjustizminister *Behrens*[10], *Hoffmann-Riem*[11]

---

6 *Blankenburg/Simsa/Stock/Wolff (Hrsg.)*, Mögliche Entwicklungen im Zusammenspiel von außer- und innergerichtlichen Konfliktregelungen, Speyerer Forschungsberichte Nr. 88, 1990, 2 Bände; *Stock/Thünte/Wolff*, Schnittstellen von außer- und innergerichtlicher Konfliktbearbeitung im Zivilrecht – Bestandsaufnahme und Probleme in den neuen Bundesländern verglichen mit den Erfahrungen in den alten Bundesländern, Beiträge zur Strukturanalyse der Rechtspflege, Köln 1995.

7 *Wasilewski*, Streitverhütung durch Rechtsanwälte, Köln/Essen 1990.

8 *Gottwald/Strempel/Beckedorff/Linke (Hrsg.)*, Außergerichtliche Konfliktbeilegung (AKR-Handbuch), Neuwied/Kriftel/Berlin 1997.

9 Zusammenfassend dazu *Stock/Wolff/Thünte*, Strukturanalyse der Rechtspflege – Bilanz eines Forschungsprogramms, Köln 1996, S. 34 ff. und *Strempel*, Rechtspflege in der Bundesrepublik Deutschland – Dokumentation und Bezugspunkte einer Strukturanalyse, Kritische Vierteljahresschrift für Gesetzgebung und Rechtswissenschaft (KritV) 1986, S. 246–262.

10 *Behrens*, Außergerichtliche Streitbeilegung in Zivilsachen, RuP 1997, S. 73–83.

11 *Hoffmann-Riem*, Konfliktbewältigung in einer angebotsorientierten Rechtsschutzordnung, ZRP 1997, S. 190–198.

und *Schubert*[12] zeigen. Auch der Bundesrat setzt sich in einem **Gesetzentwurf zur Vereinfachung des zivilgerichtlichen Verfahrens und des Verfahrens der freiwilligen Gerichtsbarkeit vom 4. 12. 1996**[13] für die Förderung der außergerichtlichen Streitbeilegung durch eine Öffnungsklausel ein, die dem Landesgesetzgeber die Einführung obligatorischer Schlichtungsverfahren in dafür geeigneten Bereichen ermöglicht (§ 15a E-EGZPO). Danach wäre die Erhebung einer Klage in vermögensrechtlichen Streitigkeiten bis 1 500 DM und nachbarrechtlichen Streitigkeiten vor dem Amtsgericht erst zulässig, wenn zuvor bei einer von der Landesjustizverwaltung eingerichteten oder anerkannten Gütestelle versucht worden ist, die Streitigkeiten einvernehmlich beizulegen. Ob diese *obligatorische* Schlichtung allerdings der Weisheit letzter Schluß ist, muß bezweifelt werden.[14] Andererseits sprechen Forschungsergebnisse aus den USA von dem sog. Mediations-Paradox, wonach *Zwang zur Anrufung* des (obligatorischen) Schlichtungsverfahrens nicht schädlich ist, wenn *innerhalb* des Schlichtungsverfahrens Freiwilligkeit und Akzeptanz kooperativer Regelungen gewährleistet ist.[15]

Aufgegriffen wurde der Mediations-Gedanke auch von der **Berufsordnung** (BORA)[16] und der **Fachanwaltsordnung** (FAO)[17] der Bundesrechtsanwaltskammer. Deswegen ist es nicht verwunderlich, daß sich die Anwaltschaft mit ihren über 90 000 Rechtsanwälten und Rechtsanwältinnen auf dem Anwaltstag in Frankfurt unter dem Thema *Streitschlichtung – Anwaltssache* zu Wort gemeldet und die Anwälte als „geborene und alleinige Streitschlichter" bezeichnet hat. Sie sieht in der obligatorischen Streitschlichtung eine Herausforderung, der sie mit einem eigenen DAV-Modell begegnen will.[18]

Das alles soll dazu beitragen, eine neue Streitkultur zu entwickeln, wie Konflikte in noch größerem Umfang innerhalb der Gesellschaft behandelt und gelöst werden können. Je mehr dies gelingt, um so eher sind die Gerichte frei für ihre eigentliche Aufgabe: die Entscheidung echter Rechtskonflikte. Daraus folgt für die Ausbildung, daß sich auch Juristen verstärkt mit neuen Verfahrens- und Verhandlungstechniken vertraut machen müs-

---

12 *Schubert,* Immer Richten statt Schlichten?, NJ 1997, S. 337–338.
13 BT-Drucksache 13/6398.
14 Kritisch auch *Gottwald,* Alternativen in der Rechtspflege, BRAK-Mitt. 2/1998, S. 60, 68.
15 *Mc Ewen/Wilburg: Explaining a paradox of mediation, Negotiation Journal 1993, S. 23 ff.*
16 BRAK-Mitt. 1996, S. 241 ff.
17 BRAK-Mitt. 1996, S. 249 ff.
18 *Busse,* Die obligatorische Streitschlichtung – Eine Herausforderung an die Anwaltschaft, AnwBl. 1997, S. 522–524; *Ponschab/Schweizer,* Kooperation statt Konfrontation – Neue Wege anwaltlichen Verhandelns, Köln 1997.

sen, die nicht genuin juristische Fertigkeiten betreffen, sondern Neuland betreten, wenn man von den schon geläufigen Vergleichstechniken einmal absieht.[19] Rechtsdienste als Konfliktmanagement in Anwaltschaft und vor Gericht sind angesagt[20] oder, wie es in Anlehnung an den amerikanischen Sprachgebrauch jetzt bei uns heißt: *Mediation*.

**Mediation** ist für viele Menschen ein noch unverständliches Fremdwort, so daß einige Ausführungen zu Begriffsbestimmung und Ziel erforderlich sind. Nach einer heute geläufigen Definition ist *Mediation* die Vermittlung in einem Konflikt verschiedener Parteien mit dem Ziel einer Einigung, deren Besonderheit darin besteht, daß die Parteien freiwillig eine faire und rechtsverbindliche Lösung mit Unterstützung des Mediators auf der Grundlage der rechtlichen, wirtschaftlichen, persönlichen und sozialen Gegebenheiten und Interessen selbstverantwortlich erarbeiten. Daraus folgt in der Regel, daß die so freiwillig gefundenen und nicht von einem Gericht oktroyierten Ergebnisse in höherem Maße akzeptiert werden und Bestand haben.[21]

Dabei ist der Gedanke der Mediation nicht völlig neu, sondern man findet zahlreiche Vorläufer und Varianten dieser Art von Konfliktregelung in anderen Kulturen und Zeiten. So ist z. B. die in langer Tradition gewachsene gesellschaftliche Wirklichkeit in *Japan* die eigentliche Grundlage für die Bevorzugung vermittelnder Methoden bei der Beilegung von Konflikten. Schon von alters her versuchten japanische Herrscher und Regierungen aufgrund des aus dem Buddhismus stammenden Gedankens der Harmonie Mechanismen zu institutionalisieren, die im Konfliktfall eine Konfrontation der Parteien vermeiden und möglichst ohne harte Entscheidung zugunsten des einen oder anderen bleiben sollten. Der Gesichtsverlust einer Partei sollte vermieden werden! So wurde schon 1876 nach dem Vorbild des französischen ‚conciliateur' das kankai-Verfahren eingeführt, eine Art informelles Versöhnungsverfahren, bei dem der Richter zwischen den Parteien zu vermitteln versuchte. Später folgten zahlreiche bereichsspezifische Versöhnungsverfahren, z. B. im Miet- und Pachtrecht sowie im Handels- und Arbeitsrecht.[22] Aber auch in den Kulturen *Chinas, Afrikas, Lateinamerikas und des*

---

19 *Gottwald/Hutmacher/Röhl/Strempel (Hrsg.)*, Der Prozeßvergleich – Möglichkeiten, Grenzen, Forschungsperspektiven, Köln 1983.

20 Vgl. dazu *Gottwald*, Rechtspflege als Konfliktmanagement, Universitas 1996, S. 746–757.

21 *BRAK-Ausschuß* ‚Mediation', Schlußbericht des BRAK-Ausschusses Mediation, BRAK-Mitteilungen, 1996, S. 186–188; vgl. auch *Breidenbach*, Mediation – Struktur, Chancen und Risiken von Vermittlung im Konflikt, Köln 1995.

22 *Strempel*, Der japanische Beitrag zur Fortentwicklung außerforensischer und vermittelnder Konfliktregelung in der Bundesrepublik Deutschland, in: *Leser, Hans G. (Hrsg.)*, Wege zum japanischen Recht, Festschrift für Zentaro Kitagawa zum 60. Geburtstag, Berlin 1992, S. 789–799.

*Fernen und Nahen Ostens* hat der Mediationsgedanke weite Verbreitung gefunden.[23] Auch Vertreter von Kirchen und Religionen haben oft in Konflikten vermittelt. So fordert schon Paulus im 1. Korintherbrief (Kap. 6, Verse 1 bis 5) die dortige christliche Gemeinde auf, ihre Streitigkeiten nicht vor das weltliche Gericht zu bringen, sondern in der Gemeinde beizulegen. In diesem Zusammenhang ist sicher auch der wieder bedeutender werdende *Subsidiaritätsgedanke* hinsichtlich privaten vor staatlichen Handelns zu erwähnen.

In den *USA* wurden Ansätze eines Mediationskonzepts im Laufe der 60er Jahre in der heutigen Form entwickelt. Unter dem Eindruck der Bürgerrechtsbewegung, der Vietnamproteste sowie der Studentenunruhen machte sich in der amerikanischen Gesellschaft ein wachsendes Interesse an alternativen Formen der Streitbeilegung bemerkbar. Dieses Interesse wurde von zahlreichen Kreisen, vom Präsidenten des Supreme Court über die Justitiare bis hin zur Bar Association und verschiedenen Gruppen von Nichtjuristen bekundet. In den 70er Jahren stieg die Verbreitung von Mediationsverfahren weiter an bis hin zur Gründung von Neighborhood Justice Centers (NJC) auf kommunaler Ebene. Dieses auf dem Gemeinschaftsgedanken basierende Programm, das insbesondere in San Francisco großen Erfolg hatte, wollte Konflikte dort lösen, wo sie in der Regel entstanden: in der Gemeinschaft oder Nachbarschaft. Die Vermittler wurden in Bürgerversammlungen des jeweiligen Stadtbezirks (bis zu 50 000 Einwohnern) gewählt und von der Zentrale des Community Board Program (CBP) für ihre Aufgabe trainiert, die in einer Hilfe der Konfliktbetroffenen bei der eigenen Bewältigung ihrer Konflikte bestand. Neben der aktuellen Konfliktlösung trug dieses Verfahren zur Bildung urbaner Nachbarschaften bei. Darüber hinaus entwickelte sich eine reiche sozialwissenschaftliche Beforschung der neuen Formen außergerichtlicher Streitbeilegung wie das Dispute Processing Research Program der Law School der University of Wisconsin-Madison. An der Harvard Law School entstand 1979 das Harvard Negotiation Projekt als interdisziplinäres Institut für Forschung und Lehre auf dem Gebiet von Verhandlungstechnik und Konfliktmanagement, auf das ich noch zurückkommen werde.

In der *Bundesrepublik Deutschland* wurde das neue Thema unter dem Titel „Alternative Rechtsformen und Alternativen zum Recht" erstmals 1977 auf einer Arbeitstagung der Rechtssoziologen diskutiert.[24] Den eigentli-

---

23 Vgl. hierzu und zum Folgenden *Besemer,* Mediation – Vermittlung in Konflikten, 3. Aufl., Darmstadt 1995.
24 *Blankenburg/Klausa/Rottleuthner (Hrsg.),* Alternative Rechtsformen und Alternativen zum Recht, Jahrbuch für Rechtssoziologie und Rechtstheorie, Band 6, Opladen 1980.

chen Durchbruch für die Justizpraxis erlangte die Thematik 1981 auf einem Workshop „Alternativen in der Ziviljustiz" des Bundesministeriums der Justiz.[25] Seitdem ist eine Reihe von Publikationen vor allem auf dem Gebiet der Familien- und Scheidungsmediation erschienen.[26] Aber auch die Bereiche Täter-Opfer-Ausgleich (TOA) und Jugendkriminalität sowie Umweltkonflikte spielen eine Vorreiterrolle.[27]

Die **Philosophie der Mediation** als komplementärer Konfliktbehandlungsansatz läßt sich schlagwortartig wie folgt zusammenfassen[28]:

• Ein Konflikt ist nicht statisch, sondern ein dynamisches, sich ständig änderndes Konfliktgeschehen, dessen Chancen für kooperative Lösungen durch frühzeitige Interventionsmöglichkeiten steigen.

• Verhandlungen haben gegenüber Gerichtsentscheidungen drei nur analytisch unterscheidbare Dimensionen: eine instrumentelle, eine emotionale und eine erlernte Seite des Konfliktverhaltens.

• Verhandlungen haben zwei Funktionen: Werte zu schöpfen und Werte zu verteilen. Verhandlungen über Interessen ermöglichen kooperative, wertschöpfende Lösungen. Verhandlungen über Positionen, wer Recht hat, gehen den Weg der kompetitiven Wertverteilung.

• Die Vermittlung durch einen Mediator setzt dort ein, wo Verhandlungen der Parteien untereinander scheitern. Ansatzpunkte für seine Tätigkeit sind die Verhandlungshürden und -barrieren, die die Parteien an einer kooperativen Regelung hindern.

• Mediation ist kein Ersatz für das Gerichtsverfahren, sondern eine Wahlmöglichkeit, die eine Ergänzung der Konfliktbehandlungsformen darstellt. Insofern ist Mediation komplementär.

**Wie funktioniert Mediation?** Sie geschieht in Prozeßschritten mit Hilfe einer eigenen Methodik und erfolgt in mehreren Stufen, die man kurz wie folgt beschreiben kann:

1. Stufe: Einführung und Vorbereitung der Mediation, Abschluß des Mediationsvertrags

2. Stufe: Sammlung der zur Verhandlung anstehenden Regelungspunkte

25 *Blankenburg/Gottwald/Strempel (Hrsg.)*, Alternativen in der Ziviljustiz – Berichte, Analysen, Perspektiven, Köln 1982.
26 Vgl. dazu m. w. N. *Gottwald/Strempel/Beckedorff/Linke (Hrsg.)*, Außergerichtliche Konfliktbeilegung (AKR-Handbuch), Neuwied/Kriftel/Berlin 1997, sowie rechtsvergleichend *Gottwald/Strempel (HG)*, Streitschlichtung – Rechtsvergleichende Beiträge zur außergerichtlichen Streitbeilegung, Köln 1995.
27 *Breidenbach/Henssler*, Mediation für Juristen – Konfliktbehandlung ohne gerichtliche Entscheidung, Köln 1997.
28 Vgl. hierzu *Breidenbach*, Mediation – Thesen zur Notwendigkeit eines komplementären Konfliktbehandlungsansatzes, Familie – Partnerschaft – Recht (FPR), 1. 1996, S. 3–5.

3. Stufe: Entwicklung neuer Optionen und Wahlmöglichkeiten

4. Stufe: Verhandeln, Entscheidung der Parteien und Protokollierung der Vereinbarung

5. Stufe: Vorbereitung, Durchführung und Überprüfung der Vereinbarung

Dieser Ansatz konsensueller Konfliktregelung, der von der geläufigen Streitentscheidung wegführt und der in der Justizpraxis zunehmend an Bedeutung gewinnt, wird aber bisher m. W. an keiner deutschen Universität gelehrt. Er ist somit ein wesentlicher Bezugspunkt für die Neugestaltung der Juristenausbildung, mit dem es sich abschließend zu befassen gilt.

## 4. Mediation als neuer Inhalt für eine moderne Ausbildung in Konfliktbewältigung

Diese neuen Verhandlungs- und Mediationstechniken, die in dem vorigen Abschnitt nur angedeutet werden konnten, können aber nur erfolgreich angewendet werden, wenn die angehenden Juristen darin ausgebildet werden. Sie sind nicht angeboren, können aber ohne großen Aufwand gelehrt und gelernt werden. Daß dies auch an Universitäten möglich ist, zeigt uns wieder einen Blick in ein Herkunftsland der Mediation, nämlich in die USA. Wir brauchen also nicht erst etwas Neues zu erfinden, sondern können von schon Bewährtem lernen. Allerdings ist dann Interdisziplinarität angesagt, denn allein juristische Fertigkeiten im herkömmlichen Sinn wie Rechtsfindung aufgrund von Gesetzen, Rechtsprechung und Literatur reichen dazu nicht aus. Und daß sich Juristen mit Interdisziplinarität – insbesondere in der Lehre – schwer tun, hat die leidige und heute zum Glück überwundene Diskussion um die Integration der Rechtssoziologie in die rechtswissenschaftliche Ausbildung gezeigt.[29] Warum sollte heute nicht ein neuer Versuch unternommen werden, der mehr von praktischen als von ideologischen Annahmen geprägt ist?[30] Aber Konfliktbewältigung im mediativen Sinn kann nicht nur von Juristen, sondern auch von anderen Professionen wie Psychologen, Sozialarbeitern, Ökonomen u. a. wahrgenommen werden.

1979 entstand an der Harvard Law School das *Harvard Negotiation Project* als interdisziplinäres Institut für Forschung und Lehre auf dem Gebiet für

29 Vgl. dazu *Rottleuthner,* Juristische Ausbildung und Sozialwissenschaften, in: *Strempel (Hrsg.),* Juristenausbildung zwischen Intonationalität und Individualität, Baden-Baden 1998 (i. Druck).

30 So in anderem Zusammenhang *Strempel,* Rechtssoziologie versus Rechtsideologie, in: *Haney/Maihofer/Sprenger (Hrsg.),* Recht und Ideologie in historischer Perspektive. Festschrift für Herrmann Klenner, Band II, Freiburg · Berlin · München 1998, S. 265 ff.

Verhandlungstechnik und Konfliktmanagement.[31] Die Arbeit des Projekts führte 1983 in Zusammenarbeit mit anderen Fakultäten der Harvard University sowie mit der Tufts University und dem Massachusetts Institute of Technology zur Gründung des Program of Negotiation, das ein interuniversitäres Konsortium zur Verbesserung von Theorie und Praxis der Streitbeilegung darstellt. Es ist die Dachorganisation für eine Reihe weiterer Projekte wie das *Program on Dispute Resolution, das Public Program und das Project on Negotiations in Employment Relations.*

Das **Harvard Negotiation Project** entwickelte eine nicht an ein bestimmtes Fachgebiet gebundene, universelle Verhandlungstheorie, die in Deutschland unter der Bezeichnung *Harvard Konzept* bekanntgewordene Methode. Sie wurde von dem Völkerrechtsprofessor *Roger Fisher* und dem Anthropologen *William Ury* in allgemeinverständlicher Form durch den Bestseller *Getting to Yes* einer breiten Öffentlichkeit zugänglich gemacht und in über 20 Sprachen übersetzt.[32] Das *Harvard Konzept* liegt jetzt auch als deutscher Titel vor.[33] Die Entwicklung und Verbreitung von Techniken zur konstruktiven und nicht destruktiven („mit schmutzigen Tricks") Behandlung von Konflikten ist das Hauptziel des bewußt anwendungs- und ergebnisorientiert arbeitenden *Harvard Negotiation Project.* Zur Erreichung dieses Ziels stehen vier Hauptaktivitäten in reger Wechselwirkung zueinander:

- Forschung und Theoriebildung (Streitbehandlungslehre)
- Ausbildung und Schulung (Negotiation Workshops in einer Kombination von Vorlesungen zur programmierten Wissensvermittlung und Rollenspielen der Kursteilnehmer, um Gelerntes auszuprobieren und in reflektierter Erfahrung Verhandlungstechniken zu entwickeln)
- Beteiligung an der Lösung realer Konfliktsituationen (z. B. Camp-David-Verhandlungen zwischen Israel und Ägypten)
- Verbreitung von wissenschaftlichen Publikationen und Unterrichtsmaterial (Bücher, Negotiation Journal, Videofilme)

Das **Harvard Konzept** wurde inzwischen auch zum Vorbild ähnlicher Initiativen in Europa und in der Bundesrepublik Deutschland, die aber sämtlich außerhalb der rechtswissenschaftlichen Fakultäten oder Fachbereiche in der Bera-

---

31 Vgl. dazu *Bühring-Uhle,* Das Harvard Negotiation Project, in: *Gottwald/Strempel (Hrsg.),* Streitschlichtung – Rechtsvergleichende Beiträge zur außergerichtlichen Streitbeilegung, Köln 1995, S. 75 ff.

32 *Fisher/Ury/Patton,* Getting to Yes, 2. Aufl., New York 1991.

33 *Fisher/Ury/Patton,* Das Harvard-Konzept – Sachgerecht verhandeln – erfolgreich verhandeln, 15. Aufl., Frankfurt/New York 1996.

tungspraxis entwickelt wurden.[34] Wie schon erwähnt, ist der Mediations-Gedanke jetzt in der Berufsordnung (BORA)[35] und der Fachanwaltsordnung (FAO)[36] der Bundesrechtsanwaltskammer enthalten. In §§ 1, 18 BORA kommt die rechtsgestaltende, vermittelnde und streitschlichtende Tätigkeit des Anwalts als Mediator zum Ausdruck. Auch der Fachanwalt für Familienrecht (§§ 5, 12 FAO) weist in die Richtung außergerichtlicher Beratung und Vermittlung.

Schließlich hat auch der Gesetzgeber mit der Verabschiedung des **Gesetzes zur Reform des Kindschaftsrechts** (Kindschaftsrechtsreformg – KindRG –)[37] ein wichtiges Signal für konsensuelle Streitbeilegung gesetzt. Danach ist ein Schwerpunkt der Reform des Verfahrensrechts die Förderung eigenständiger Konfliktlösung durch die Eltern in den die Kinder betreffenden Verfahren, wobei insbesondere auf die bestehenden Möglichkeiten der Beratung durch die Beratungsstellen und -dienste der Träger der Jugendhilfe hingewiesen wird (§ 52 FGG – neu). Auch hier wird weitergehender Aus- und Fortbildungsbedarf entstehen. Einen ersten Schritt in Richtung auf die juristische Ausbildung in die mediativen Methoden der Streitbehandlung macht ein neues Einführungslehrbuch in das juristische Lernen, in dem überhaupt die Bedeutung des Methodenwissens gegenüber dem Rechtswissen hervorgehoben wird.[38] Weitere Anstöße werden sicher auch von dem computergestützten Kommunikationsmittel *Internet* ausgehen, das uns heute umgehend über die neuesten Entwicklungen in der Welt informiert.[39]

Somit wird eine moderne Juristenausbildung langfristig an dem neuen Ausbildungsinhalt *Mediation* nicht vorbeikommen. Sie sollte vielmehr sehr schnell – z. B. nach dem amerikanischen Muster des *Harvard Konzepts* – eigene Ausbildungskonzepte für die neue Streitkultur entwickeln und in die Lehre umsetzen und Standards für das neue Berufsbild *Mediator* setzen. Erste Ansätze gibt es hier schon im Bereich der Familienmediation, wo die Bundes-Arbeitsgemeinschaft für Familien-Mediation (BAFM) bereits eine Ausbildungsordnung und Kriterien für die Anerkennung von Ausbildungsinstituten für Familien-Mediation

---

34 Einen Überblick enthält das Schwerpunktheft „Mediation – kooperative Vermittlung" des interdisziplinären Fachjournals für die Praxis *Familie – Partnerschaft – Recht (FPR)* 1.1996, S. 1–48; vgl. auch *Haft,* Verhandeln – Die Alternative zum Rechtsstreit, München 1992.

35 BRAK-Mitteilungen 1996, S. 241 ff.

36 BRAK-Mitteilungen 1996, S. 249 ff.

37 BGBl. I 1998 S. 2942.

38 *Haft,* Einführung in das juristische Lernen – Unternehmen Jurastudium, 6. völlig neubearbeitete Aufl., Bielefeld 1997.

39 Vgl. dazu *Haft,* Das Internet in der Juristenausbildung, in: *Strempel,* Juristenausbildung zwischen Intonationalität und Invidiualität, Baden-Baden 1998 (i. Druck).

beschlossen hat.[40] In diesem Zusammenhang ist auch auf die am 21. 1. 1998 verabschiedete Empfehlung des Ministerkomitees des Europarats über Familienmediation hinzuweisen, wonach „die Staaten dafür Sorge tragen sollen, daß geeignete Maßnahmen vorhanden sind zur Festlegung von Verfahren für die Auswahl, Ausbildung und die Qualifikation der Mediatoren und der von den Mediatoren zu erfüllenden Anforderungen"[41]. Ein weiterer Bereich, die Betriebsmediation, hat sich im Bundesverband Mediation in Wirtschaft und Arbeitswelt zusammengeschlossen.[42] Aber auch in der Lehre tut sich etwas: So plant z. B. der Fachbereich Rechtswissenschaft der FernUniversität Hagen ein *Multimediales Weiterbildungsstudium Mediation*.[43]

# 5. Beseitigung des Informationsdefizits in Sachen Mediation

Aufgabe der vorliegenden Broschüre ist vor allem der Abbau des auf dem Gebiet der Mediation bestehenden Informationsdefizits, und zwar für *alle Professionen*, die für die Ausübung der Mediation in Betracht kommen – Juristen, Psychologen, Ökonomen, Sozialarbeiter u. a. Dazu gehören auch Erkenntnisse aus dem Ausland, die rechtsvergleichend herangezogen werden.

Dieser Band enthält zunächst Überblicksartikel zu Mediation bei Scheidung und in Familiensachen *(Reiner Bastine, Roland Proksch)*, zu Mediation und Schule *(Angela Mickley)*, zu Mediation und Politik *(Peter J. Emerson)* sowie zu Mediation und Wirtschaft *(Andrea Budde)*. Die für Praktiker wichtigen Fragen werden in den Beiträgen über die Gestaltung einer Mediationsvereinbarung *(Hannelore Diez/Heiner Krabbe)* und über die Kosten- und Gebührenfrage *(Heidrun Gerwens-Henke)* sowie über die Vertragsgestaltung *(Bernd Wegmann)* abgehandelt. Über die Schwierigkeiten, eine Bauschlichtungstelle zu etablieren, berichtet *Georg Schmidt-von Rhein*. Im strafrechtlichen Bereich schlagen sich mediative Elemente im Täter-Opfer-Ausgleich nieder *(Dieter Rössner)*. Den Abschluß bildet ein *Literaturverzeichnis* mit weiterführenden Hinweisen.

---

40 Die Vorschriften sind abgedruckt in Familie – Partnerschaft – Recht (FPR), 1.1996, S. 43–45.

41 Ziff. II.c der bisher unveröffentlichten Empfehlung.

42 *Budde*, Mediation im Bereich betrieblicher Konflikte, in: *Gottwald/Strempel/Beckedorff/Linke (Hrsg.)*, Außergerichtliche Konfliktbeilegung (AKR-Handbuch), Neuwied/Kriftel/Berlin 1997, unter 5.2.4., S. 1–8.

43 *FernUniversität Hagen – Fachbereich Rechtswissenschaft*, Weiterbildendes Studium Mediation – Konfliktbewältigung – Rhetorik – Verhandeln, unveröffentl. Papier 1998.

# Mediation in der Rechtspflege

GEORG SCHMIDT-VON RHEIN

# Erfahrungen mit der Gründung einer Bau-Schlichtungsstelle in Frankfurt/Main

## 1. Anlaß für die Gründung einer Bau-Schlichtungsstelle

Ende der 70er, anfangs der 80er Jahre erfuhr die Diskussion um die außergerichtliche Streitschlichtung einen erneuten Höhepunkt. Die schon bestehenden Schlichtungsstellen im Bereich der Landesärztekammer und bei einigen Zahnärzte- und Apothekerkammern mit ihren durchweg positiven Erfahrungen belebten die Diskussion ebenso wie die im Bereich der Industrie- und Handelskammern, der Handwerkskammern und der Verbraucherzentralen eingerichteten Schiedsstellen. Auch die Inanspruchnahme von Mietschlichtungsstellen bot einen positiven Ansatz, das gesamte Bild der außergerichtlichen Streitschlichtung neu zu überdenken.

Bei diesen Überlegungen hatte die Frage, ob man Streitigkeiten aus dem Baubereich in einer größeren Zahl einer gütlichen Regelung zugänglich machen könnte, von Anfang an große Priorität. Aufgrund einer am 6. März 1981 auf der Konferenz der Oberlandesgerichtspräsidenten getroffenen Absprache wurden die Verhandlungen zur Gründung einer Bau-Schlichtungsstelle intensiviert. Zur Vorbereitung wurden Gespräche mit den Institutionen geführt, bei denen bereits Schlichtungseinrichtungen bestanden oder von denen zu erwarten war, daß sie Interesse an der Gründung einer Bau-Schlichtungsstelle haben würden. In erster Linie kamen hierfür die Handwerkskammer Frankfurt/Main, die Industrie- und Handelskammer Frankfurt/Main, die Verbraucherzentrale Hessen, die Rechtsanwaltskammer Frankfurt und der Verband baugewerblicher Unternehmer Hessen in Betracht. Bei allen angesprochenen Institutionen traf der Präsident des Oberlandesgerichts Frankfurt/Main auf ein überaus positives Echo. Insbesondere bei dem Verband baugewerblicher Unternehmer waren schon eigene Initiativen zur Gründung einer Schlichtungsstelle in die Wege geleitet worden.

## 2. Die unterschiedlichen Interessen

Die Verhandlungen mit den einzelnen Institutionen ließen sehr bald deutlich werden, daß die unterschiedlichsten Interessen zur Gründung einer Bau-Schlichtungsstelle vorhanden waren: In der Justiz war wegen der schon damals schwächer gewordenen Konjunktur immer härter um das Recht gekämpft worden. Zusätzlicher Arbeitsanfall, mangelnde personelle Ausstattung und rückläufige Steuereinnahmen forderten zu einer Besinnung darüber auf, wie der Arbeitsanfall zurückgeschraubt werden könnte. Die Rechtsuchenden ihrerseits verlangten einen gerechten, aber auch schnellen und effizienten Weg zur Lösung von Streitigkeiten. Dabei spielte die Tatsache eine nicht unerhebliche Rolle, daß Aufklärung und Einräumung von zusätzlichen Rechten dazu geführt hatten, daß sich der Bürger seiner Rechte bewußt geworden war und die nun ihm zustehenden Möglichkeiten intensiver nutzen wollte als dies früher der Fall war. Nicht zuletzt der Aufbau eines Rechtsschutzversorgungssystems nahm einer großen Zahl von Rechtsuchenden weitgehend das hohe Kostenrisiko rechtlicher Beratung und Verfahrensdurchführung ab. Bei dieser Sachlage bestand seitens der Justiz ein großes Interesse, gerade die aufwendigen Bauprozesse auf ein Minimum zurückzuführen.

Auf der anderen Seite hatten Bauunternehmer und Handwerker festgestellt, daß die meisten Baustreitigkeiten nur schwer in einem zeitlich vertretbaren Rahmen vor Gericht geklärt werden konnten. Insbesondere die sogenannten Punktesachen, in denen alle möglichen Mängel eines Baues aufgelistet wurden, und die dazu dienten, dem Unternehmer die Bezahlung seines Werkes zu verweigern oder diese möglichst weit hinauszuschieben, verlangten zur Lösung dieser Problematik neue Wege.

Allen Beteiligten war klar, daß die fast ausschließlich notwendige Einschaltung von Sachverständigen, welche ihrerseits für die Erstellung der schriftlichen Gutachten immense Zeit benötigten, zusätzlich für eine zeitlich überdimensionale Verlängerung der Prozesse sorgte. Deshalb lag es in aller Interesse, hier ein Verfahren zu finden, das die aufgezählten Nachteile vermied und trotzdem schnell zu einer sachgerechten Lösung von Baustreitigkeiten führte.

## 3. Die Gründungsgeschichte

Gerade die zuletzt erwähnte Erwägung, daß in Baustreitigkeiten eine Beweiserhebung meist nicht zu umgehen ist und diese nur mittels eines Sachverständigen durchgeführt werden kann, überzeugte alle Beteiligten davon, daß ein Modell gefunden werden mußte, in dem auch der Sachverständige eine zentrale Rolle spielt. Aus diesem Grunde war es besonders wichtig, die Industrie- und Handelskammer Frankfurt/Main, die Handwerkskammer Frankfurt/Main und die Architektenkammer Hessen zu beteiligen. Während die Initiative weitgehend bei dem Verband baugewerblicher Unternehmer Hessens lag, sahen die anderen Beteiligten von Anfang an ihre Aufgabe in der Förderung dieses Anliegens. Für den Bereich der Justiz stand – neben dem Fernziel einer Arbeitsentlastung – die Erwägung im Vordergrund, aufkommende Sachfragen einer einvernehmlichen Lösung zuzuführen, die sachliche Unterstützung der Landesregierung deutlich zu machen und die Vollstreckung der von der Bau-Schlichtungsstelle gefundenen Entscheidungen zu erleichtern. Aus diesem Grund fand sich die Landesregierung auch sofort bereit, die künftige Bau-Schlichtungsstelle als eine von der Landesjustizverwaltung mit der Möglichkeit zur Erteilung von Vollstreckungsklauseln ausgestattete Gütestelle i. S. des § 794 Abs. 1 Nr. 1 ZPO anzuerkennen.

Trotz des großen Engagements in den Vorbereitungen auf allen Seiten, erstreckte sich die eigentliche Gründungsphase von der ersten Zusammenkunft der Beteiligten bis zur Gründung der Bau-Schlichtungsstelle am 9. März 1982 auf etwa 1 Jahr. Der Grund hierfür ist in den unterschiedlichen Vorstellungen zu suchen, die die beteiligten Kammern und Verbände von der Ausgestaltung der Bau-Schlichtungsstelle hatten: Gemeinsam war allen Beteiligten nur die Vorstellung, daß die Anrufung der Bau-Schlichtungsstelle weder eine Voraussetzung noch ein Hemmnis für die Beschreitung des ordentlichen Rechtswegs sein sollte. Darüber hinaus herrschten gegensätzliche Auffassungen, was die Art ihrer Tätigkeit betraf. Nach den Vorstellungen eines Teils der Beteiligten sollte die Bau-Schlichtungsstelle als Schiedsgericht i. S. der §§ 1025 ff. ZPO fungieren. Nach anderer Auffassung sollte das Verfahren zunächst auf einen Vergleich ausgerichtet sein, und nur im Fall seines Nichtzustandekommens sollte sich ein Schiedsgerichtsverfahren anschließen. Auch in der Besetzungsfrage herrschten unterschiedliche Vorstellungen: Sie reichten von der Besetzung mit einem berufserfahrenen Vorsitzenden mit alleiniger Leitungs- und Entscheidungsgewalt bis zu einem gemischten Dreiergremium.

Es kam daher entscheidend darauf an, die divergierenden Vorstellungen so zu harmonisieren, daß ein effizientes Arbeiten für die Bau-Schlichtungsstelle gewährleistet war. Das setzte Überlegungen voraus, wie man eine Schlichtungsstelle überhaupt konstruiert und besetzt.

# 4. Voraussetzungen für eine optimale Ausgestaltung

Die bis zu dieser Gründungsphase mit bereits eingerichteten Schieds- und Schlichtungsstellen im Frankfurter Raum gemachten Erfahrungen zeigten, daß Bereiche, in denen der Streit vornehmlich unter Zuhilfenahme eines Sachverständigen gelöst werden muß, für das Schlichtungsverfahren besonders geeignet sind. Damit erschien der Bereich des Bauwesens zur Beilegung von Streitigkeiten durch ein Schlichtungsverfahren besonders prädestiniert. Dabei ergab sich aus den Erfahrungen mit den Gutachter- und Schlichtungsstellen für ärztliche Behandlungsfehler aus den Bereichen der Landesärztekammern Hessen und Rheinland-Pfalz, daß eine gemischte Besetzung mit einem Berufsjuristen und einem oder mehreren Sachverständigen des betroffenen Sachgebiets einerseits besondere Akzeptanz bei den Rechtsuchenden findet und andererseits solche Gremien besonders sachkompetente Vorschläge zur Streitlösung vorlegen können. Es konnte festgestellt werden, daß die bestehenden Schlichtungsstellen in ihren Grundzügen alle nach einem ähnlichen Verfahren arbeiteten: Der Vorsitzende ist ein unabhängiger Jurist, der das Vertrauen aller Beteiligten genießt und der in einem Vorverfahren bereits die Weichen stellen kann. Nach dem Einverständnis der Parteien mit der Verfahrensordnung der Schlichtungsstelle kann der Vorsitzende schon in juristischer und praktischer Hinsicht angemessene Vorschläge zur gütlichen Beilegung des Streits unterbreiten. Ist die Hilfe eines Sachverständigen erforderlich, kann dieser kurzfristig vom Vorsitzenden bemüht und in das Verfahren eingeschaltet werden. Nur in besonders schwierigen Fällen oder wenn die Parteien mit dem Vorschlag des Vorsitzenden nicht einverstanden sind, wird die meist aus 3 Personen bestehende „Kommission" tätig, welche durch ihre Entscheidung das Schlichtungsverfahren abschließt.

# 5. Die Geschäftsordnung

Die Bau-Schlichtungsstelle hat nach ihrer Geschäftsordnung die Aufgabe, Streitfälle zwischen Bauherren, Bauausführenden, Architekten, Bauingenieuren und Sonderfachleuten zu schlichten. Sie wird dabei grundsätzlich als Schlichtungsstelle mit dem Auftrag tätig, den Parteien einen Einigungsvorschlag (Vergleich) zu unterbreiten und auf dessen Protokollierung als Schiedsvergleich hinzuwirken. Kommt zwischen den Parteien ein solcher Vergleich nicht zustande, kann die Bau-Schlichtungsstelle nach schriftlicher Vereinbarung zwischen den Parteien auch als Schiedsgericht im Sinne der Bestimmungen des 10. Buches der ZPO tätig werden.

Die Bau-Schlichtungsstelle wird von einem Vorsitzenden geleitet, der die Befähigung zum Richteramt haben muß. Sie wird grundsätzlich in der Besetzung mit diesem Vorsitzenden und 2 Fachbeisitzern tätig, die öffentlich bestellte und vereidigte Bausachverständige aus dem Bereich der Handwerkskammer Rhein-Main und den entsprechenden Industrie- und Handelskammern sein sollen. Je nach Arbeitsanfall bestellen die Gründungsmitglieder die Vorsitzenden für die Dauer von je 3 Jahren. Derzeit gibt es 2 Vorsitzende. Die Vorsitzenden regeln ihre Arbeit durch eine einständliche Geschäftsverteilung. Die Fachbeisitzer werden, entsprechend den zu schlichtenden Fragen, von Fall zu Fall von den amtierenden Vorsitzenden aus einer Liste berufen, in der alle Sachverständigen aufgeführt sind, die sich als Fachbeisitzer für die Bau-Schlichtungsstelle zur Verfügung gestellt haben.

Die Bau-Schlichtungsstelle kann von allen natürlichen und juristischen Personen sowie von Personenmehrheiten in Anspruch genommen werden. Die Bau-Schlichtungsstelle kann nur im Einverständnis beider Parteien tätig werden. Der Antrag auf Einleitung des Schlichtungsverfahrens muß schriftlich unter kurzer Angabe zu Grund und Höhe des geltend gemachten Anspruchs gestellt werden.

Das einzelne Verfahren bereitet der Vorsitzende vor. Es richtet sich nach den entsprechenden Bestimmungen der §§ 1034 ff. ZPO. Ergibt sich bei der Vorbereitung, daß aus tatsächlichen oder juristischen Gründen eine Hinzuziehung von Fachbeisitzern nicht notwendig ist, so kann der Vorsitzende auch allein den Parteien einen Vergleichsvorschlag unterbreiten.

Die Geschäftsordnung sieht jedoch als Regel eine mündliche, nichtöffentliche Verhandlung vor der vollbesetzten Bau-Schlichtungsstelle vor. Das Verfahren schließt mit einem Vergleich, der von der Bau-Schlichtungsstelle für vollstreckbar erklärt wird, oder endet ohne eine solche Einigung. Die Parteien können dann vereinbaren, daß die Bau-Schlichtungsstelle als Schiedsgericht tätig werden soll. Der von der Bau-Schlichtungsstelle gefällte Schiedsspruch muß aber, wie bei jedem anderen Schiedsspruch auch, nach den Bestimmungen der §§ 1042, 1046, 1045 ZPO durch das zuständige Gericht für vollstreckbar erklärt werden. Ist zwischen den Parteien ein gerichtliches Beweissicherungsverfahren gemäß §§ 485 ff. ZPO anhängig, kann die Bau-Schlichtungsstelle erst nach dessen Abschluß zusammentreten. Hat eine Partei bereits eine gerichtliche Klage zur Hauptsache erhoben, ist die Anrufung der Bau-Schlichtungsstelle nicht statthaft.

Die Mitglieder der Bau-Schlichtungsstelle erhalten für ihre Tätigkeit, ohne Rücksicht auf den Streitwert der geltend gemachten Ansprüche, Pauschalbeträge zuzüglich Mehrwertsteuer, die u. a. nach der Dauer der Verhandlung bemessen sind und von den Parteien getragen werden. Als Mindestgebühr für die Vorbereitung des Schlichtungsverfahrens, das Aktenstudium usw. erhalten der Vorsitzende 300 DM nebst einer Kostenpauschale von 40 DM, die beiden Fachbeisitzer je 200 DM. Darüber hinaus werden für die Verhandlungen mit den Parteien und für die Beratungen der Bau-Schlichtungsstelle je angefangene Stunde für den Vorsitzenden 100 DM, für die beiden Fachbeisitzer je 75 DM vergütet.

Bei umfangreicheren Streitsachen, die einen überdurchschnittlichen Arbeits- und Zeitaufwand erfordern, kann die Bau-Schlichtungsstelle die Übernahme des Schlichtungsauftrags von der Vereinbarung einer angemessenen, über die üblichen Sätze hinausgehenden Gebührenregelung abhängig machen. Zur Abgeltung der im Rahmen des Schlichtungsverfahrens anfallenden Sachkosten wird ein Pauschalbetrag von 100 DM berechnet.

## 6. Der Gründungsakt

Am 10. Mai 1982 wurde die Bau-Schlichtungsstelle in Anwesenheit des Hessischen Ministers der Justiz und des Präsidenten des Oberlandesgerichts Frankfurt/Main der Öffentlichkeit vorgestellt. Nach einem Grußwort des damaligen Ministerpräsidenten Holger Börner legte Justizminister Dr. Herbert Günther die Bedeutung der Bau-Schlichtungsstelle dar. Er führte u. a. aus, daß das Baugewerbe für ein Pilotprojekt solcher Art besonders geeignet sei. Hier biete sich die Chance der Streitbeilegung an der Quelle. Die Parteien stritten schließlich um Bau- und Architektenleistungen, die in der Regel noch erbracht werden könnten, so daß die gestörten Rechtsbeziehungen zu heilen seien. Demgegenüber bestehe bei gerichtlichen Rechtsstreitigkeiten der Nachteil, daß Positionen eingenommen würden, die nur mit Kostenaufwendungen wieder geräumt werden könnten. Außerdem werde der Streit auf Nebenschauplätze ausgeweitet, so daß bisher Unstreitiges zusätzlich streitig werde. Im Baugewerbe könnte durch die Schlichtung erreicht werden, daß die Geschäfts- und Sozialbeziehungen erhalten blieben. Dies sei im Baugewerbe von besonderem Gewicht im Hinblick auf den Ruf eines Unternehmers oder eines Architekten. Mit gerichtlichen Auseinandersetzungen sei häufig eine Schmälerung an Renommee verbunden, während mit der Schlichtung der Ruf nicht geschädigt werde. Parteien, die einmal ihre Probleme gemeinsam mit dem Schlichter bereinigt hätten, könnten eher erneut kontrahieren. Zeit- und Kostenersparnisse seien für beide Seiten ökonomische Gesichtspunkte, die sowohl der Branche als auch dem Bauherrn zugute kämen. Mit der Anerkennung der Gütestelle nach

§ 794 Abs. 1 Nr. 1 ZPO erhalte der Vergleich auch eine gewisse Stabilität. Die Einigung dürfe im Anschluß an die Schlichtung nicht wieder zerfallen, sondern müsse ihre Geltung behalten. Daher sei diese Anerkennung als Gütestelle notwendig. Als Folge dessen ergebe sich aus dem Vergleich ein Vollstreckungstitel, der im praktischen Ergebnis einem gerichtlichen Urteil gleichkomme.

Die Bau-Schlichtungsstelle, die in ihren 2 Kammern mit 2 Volljuristen als Vorsitzenden besetzt wurde, nahm kurz nach dieser Vorstellung ihre Arbeit auf.

## 7. Das Verfahren

Es bedarf keiner besonderen Hervorhebung, daß die Geschäftsordnung den Beteiligten möglichst viele Freiräume in der Verhandlung und in dem Verfahren gibt, andererseits aber sicherstellen wollte, daß die rechtsstaatlichen Verfahrensgrundsätze eingehalten werden. Aus diesem Grund verweist die Geschäftsordnung auf die Bestimmungen der §§ 1034 ff. ZPO und erklärt diese entsprechend für anwendbar. Daraus ergeben sich fast alle verfahrensrechtlichen Grundsätze:

So ist festgeschrieben, daß das wirksame Einverständnis beider Parteien zu dem Schlichtungsverfahren gegeben sein muß, daß die Parteien im Falle der Bestellung von Vertretern nach den geltenden gesetzlichen Bestimmungen wirksam vertreten sind und daß ihnen im Verfahren rechtliches Gehör gewährt wird. Zeugen und Sachverständige können vernommen werden, wenn sie freiwillig vor der Bau-Schlichtungsstelle erscheinen. Die Bau-Schlichtungsstelle hat keine Zwangsgewalt. Zur Beeidigung eines Zeugen oder eines Sachverständigen oder einer Partei sind die Richter nicht befugt. Ein Versäumnisverfahren findet schon deshalb nicht statt, weil beide Parteien dem Einigungsvorschlag zustimmen müssen. Das Verfahren vor der Bau-Schlichtungsstelle hindert ein gerichtliches Verfahren weder während noch nach Antragstellung bei der Bau-Schlichtungsstelle. Hat eine Partei jedoch bereits eine gerichtliche Klage zur Hauptsache erhoben, ist die Anrufung der Bau-Schlichtungsstelle nicht statthaft. Entsprechend wird das Verfahren vor der Bau-Schlichtungsstelle nicht mehr weiterverfolgt werden können, wenn während des Schlichtungsverfahrens eine Partei vor dem ordentlichen Gericht klagt. Ist zwischen den Parteien ein gerichtliches Beweissicherungsverfahren gemäß den Bestimmungen der §§ 485 ff. ZPO anhängig, kann die Bau-Schlichtungsstelle erst nach dessen Abschluß tätig werden.

Ein Streit über die Wirksamkeit des Schiedsvergleichs kann nicht vor der Bau-Schlichtungsstelle ausgetragen werden, da diese nur zur Schlichtung, aber nicht zur Streitentscheidung berufen ist, es sei denn, die Parteien vereinbaren zu diesem Zweck die Zuständigkeit der Schlichtungsstelle als Schiedsgericht nach dem schiedsgerichtlichen Verfahren der ZPO. In der Regel wird daher das ordentliche Gericht die prozessuale und materielle Wirksamkeit eines Schiedsvergleichs nachzuprüfen haben, wenn eine Partei den Vergleich angreift. In diesem Rahmen wird auch geprüft werden, ob die Aufhebungsgründe nach den Vorschriften der §§ 1041, 580 ZPO gegeben sind.

## 8. Bewährung und Ausblick

Über die Inanspruchnahme der Bau-Schlichtungsstelle ist seit 1982 eine Statistik geführt worden, die ausweist, daß jährlich im Durchschnitt etwa 10 Fälle zur Verhandlung kamen. Das ist im Hinblick darauf, daß es sich jeweils um umfangreichere und größere Verfahren gehandelt hat, ein beachtlicher Erfolg. Von den von 1982 bis 1997 behandelten insgesamt etwa 156 Fällen wurden etwa 106 Fälle, also $2/_3$, durch Vergleich oder außergerichtliche Einigung beendet. Ein weiterer Teil der Fälle endete wegen Rücknahme des Antrags oder dadurch, daß das Verfahren nicht weiterbetrieben wurde.

Erst seit 1990 enthält die Statistik eine breitere Auffächerung, aus der sich ergibt, daß nur vereinzelt Verfahren nach Inanspruchnahme der Bau-Schlichtungsstelle noch vor Gericht gebracht wurden. Die Statistik gibt auch Auskunft darüber, daß überwiegend 2 Beisitzer an den Verhandlungen und Schlichtungsvorschlägen beteiligt waren. Damit hat sich die Konzeption der Bau-Schlichtungsstelle, die jetzt insgesamt 15 Jahre tätig geworden ist, bestätigt. Man kann ihr nur weiterhin viel Erfolg wünschen.

BERND WEGMANN

# Außergerichtliche Streitbeilegung, insbesondere Mediation, und Vertragsgestaltung

## 1. Einleitung

Themenschnittstellen zwischen Vertragsgestaltung und Maßnahmen außergerichtlicher Konfliktbeilegung, speziell der Mediation, aufzuzeigen, scheint zunächst schwierig: Vom klassischen Verständnis her findet die Vertragsgestaltung ihren Abschluß mit dem Kontrakt, während die Notwendigkeit zur Beilegung von Konflikten (erfolge sie auf klassische Art durch Urteil oder durch Schiedsverfahren oder alternativ durch Mediation oder andere autonome Konfliktlösungsmechanismen) sich häufig erst aus Abwicklungs- und Durchführungproblemen von Rechtsverhältnissen, speziell von Verträgen ergibt und damit zeitlich später erfolgt. Auf den ersten Blick besteht auch ein Unterschied im Ziel und im Instrumentarium, wie das Ziel verwirklicht werden soll: Vertragsverhandlung und Vertragsgestaltung bezwecken die Festlegung zukünftigen Verhaltens auf kooperativem Wege, Streitbeilegung die konfrontative Abwicklung früherer Kooperation auf kompetitivem Weg.

Erste Themenberührungen ergeben sich, wenn man sich vergegenwärtigt, daß Maßnahmen außergerichtlicher Konfliktbeilegung, speziell die Mediation, anders als die streitentscheidende Konfliktbeilegung durch gerichtliches oder schiedsrichterliches Urteil auf einen Vertrag zielen, der sowohl den Streit beilegt als auch für die Parteien in die Zukunft weist, wobei dieser Vertrag parteiautonom und (eventuell durch Dritte unterstützt) kooperativ erarbeitet wird. Ziel außergerichtlicher Streitbeilegung von Parteien, zwischen denen Vertragsbeziehungen bestehen, ist also die durch die Parteien entwickelte Lösung von Problemen originärer Vertragsbeziehungen durch einen den originären Vertrag ergänzenden, darauf aufbauenden und ihn abändernden Vertrag. Insofern ergeben sich bei exakter Problemanalyse Themenüberschneidungen zwischen der Vertragsgestaltung und der außergerichtlichen Streitbeilegung. Diese Themenüberschneidungen werden in den nächsten drei Abschnitten wie folgt vertieft:

*Abschnitt 2* befaßt sich mit Mechanismen alternativer Konfliktbeilegung bei der Vertragsverhandlung oder Vertragsgestaltung des originären Kontrakts der Beteiligten, *Abschnitt 3* mit der Verankerung der Mediation oder anderer alternativer Konfliktlösungsmechanismen im originären Kontrakt zur verfahrensmäßigen Bewältigung von Vertragsabwicklungsproblemen und *Abschnitt 4* mit der Mediation als Gestaltungsgegenstand eines Vertrags von Beteiligten, die die autonome Streitbeilegung wünschen.

Dabei sollen primär Fragestellungen zu den Komplexen herausgearbeitet und allenfalls Lösungsvorschläge zur Diskussion gestellt werden, nicht aber vertiefte eigene Lösungen präsentiert werden.

## 2. Techniken alternativer Streitbeilegung bei der Verhandlung des originären Vertrags

### 2.1 Gesetzgeberisches Modell

Der Gesetzgeber geht bei seinem Vertragsabschlußmodell davon aus, daß die Beteiligten des Vertragsverhältnisses (im Wege des gegenseitigen Nachgebens) autonom Punkt für Punkt verhandelnd die Bestandteile eines von ihnen in Aussicht genommenen Vertrags verhandeln. Der Prozeß findet sein Ende, wenn über alle essentialia negotii Einigung erzielt wurde und über alle sonstigen Punkte, die nur für einen Vertragsbeteiligten von Bedeutung sind (siehe dazu § 154 BGB). In der Praxis sind häufig einzelne Punkte des künftigen Vertrags schnell konsensfähig, während andere sich zu schier unüberwindlichen Hindernissen aufbäumen. Man „verbeißt" sich unter Beiziehung externer oder interner Partei-Berater auf diese „noch offenen Punkte" und versucht, sie in seinem Sinne geregelt zu erhalten.

### 2.2 Ansatzpunkt für die Einbeziehung alternativer Streitbeilegungstechniken

An dieser Stelle kann es hilfreich sein, Mechanismen außergerichtlicher Streitbeilegung in den Vertragsverhandlungs- und -gestaltungsprozeß einzubeziehen:

Mediatoren können durch Erweiterung des Verhandlungsgegenstands solche Verhandlungsgesichtspunkte in das Verhandlungspaket einbeziehen, die durch die Parteien wegen ihrer nur auf den Streitpunkt fixierten Problemsicht übersehen oder vernachlässigt werden. Sie können darüber hinaus (unverbindliche) Vorschläge für die Bewältigung der „offenen Punkte" unterbreiten.

### 2.3 Zeitpunkt der Nutzung alternativer Streitbeilegungstechniken

(a) Möglich wäre es, die Vertragsverhandlungen abweichend vom gesetzgeberischen Modell von vornherein nicht nur durch die betroffenen Parteien und ihre Berater führen zu lassen, sondern von Anfang an bei der Vertragsverhandlung Techniken alternativer Streitbeilegung zu nutzen, also z. B. von vornherein einen Mediator beizuziehen. Eine von vornherein vertragsverhandlungsbegleitende Mediation kann bei solchen Verträgen vorgesehen werden, die von Anbeginn an besonders emotions- und konfliktbeladen sind und bei denen bei rein parteiautonomen Verhandlungen Verhandlungsstörungen zu befürchten sind. Im übrigen wird eine von Anbeginn an mediativ begleitete Vertragsverhandlung meist aus Kostengründen ausscheiden und in vielen Fällen auch wegen der größeren Sachnähe und Kompetenz der Beteiligten zum Vertragsgegenstand nicht angezeigt sein.

(b) Auf der Hand liegt die Berücksichtigung alternativer Streitbeilegungstechniken, insbesondere die Einschaltung eines Mediators zu einer Vertragsverhandlung, wenn diese wegen stark differierender Meinungen zu einzelnen Vertragspunkten zum Stocken kommt. Der Mediator kann aus der konkret stockenden Situation heraus angerufen werden. Problematisch ist hier folgendes: Einigen sich die Beteiligten noch nicht einmal auf die Beiziehung eines Mediators in einer komplizierten Situation, sind die Vertragsverhandlungen i. d. R. endgültig gescheitert, ohne daß eine Vertragsseite deshalb Schadenersatzansprüche leisten müßte. Nach der zivilrechtlichen Rechtsprechung sind die Parteien bis zum endgültigen Vertragsschluß nämlich in ihrer Entscheidung völlig frei.[1] Schadenersatzansprüche aus dem Gesichtspunkt der culpa in contrahende kommen, wenn eine Vertragspartei Vertragsverhandlungen scheitern läßt, nur in Ausnahmefällen in Betracht: wenn ein besonderes Interesse an dem Zustandekommen des Vertrags erweckt wurde und die Verhandlungen ohne triftigen Grund abgebrochen werden.[2] Bei formbedürftigen Geschäften muß darüber hinaus ein schwerer Verstoß gegen die Pflicht zum redlichen Verhalten bestehen.[3]

.......................
1 Zum Beispiel BGH, in: NJW 1996, S. 1985.
2 BGHZ 71, S. 395; 92, S. 175.
3 BGH, in: NJW-RR 1997, S. 974.

(c) Vielversprechender ist deshalb ggf., bei Beginn der Vertragsverhandlungen zu vereinbaren, daß beim Steckenbleiben der Vertragsverhandlungen von jedem der Beteiligten die Fortführung der Verhandlungen unter Heranziehung von Techniken alternativer Streitbeilegung, insbesondere unter Einbeziehung mediativer Elemente verlangt werden kann. In diesem Fall kann zugleich vereinbart werden, welche Folgen sich ergeben, wenn ein Beteiligter, obwohl ein solches mediatives Verfahren vorgesehen ist, die Vertragsverhandlungen scheitern läßt und Vertragsverhandlungen z. B. mit Konkurrenten aufnimmt. Möglich ist z. B. die Vereinbarung von Strafversprechen. Vertragsstrafversprechen sind m. E. problematisch nur bei der verabredeten Mediation zum Zweck des Abschlusses eines formbedürftigen Vertrags, wenn die Mediation und die Vertragsstrafe nicht ihrerseits in der entsprechenden Form vereinbart werden: Sonst könnte durch die Vertragsstrafe nämlich mittelbar ein Zwang zum Vertragsabschluß ausgeübt werden, was gegen das Formerfordernis verstößt.[4] Unproblematisch wäre dagegen die Sanktion des Abbruchs der Vertragsbeziehungen vor Einschaltung eines Mediators, wenn für diesen Fall nur der Ersatz der bisherigen nachgewiesenen Aufwendungen des Geschäftspartners vereinbart würde.[5] Fehlen solche sanktionierenden Bestimmungen, führt m. E. die Verweigerung vorab vereinbarter Mediationsbemühungen zumindest bei nicht formbedürftigen Verträgen zu Ansprüchen aus c. i. c., ohne daß die oben zitierten Voraussetzungen vorliegen, da sich die besondere Vertrauenstatbestandsverletzung aus der Mißachtung verabredeter „Verfahrensregeln" ergibt.

### 2.4 Umfang der alternativen Streitbeilegung

Wenn ein Mediationsauftrag während laufender Vertragsverhandlungen erteilt wird, ist dessen Umfang genau zu definieren. Die Definition des Umfangs ist bedeutsam für das Verhältnis der Beteiligten zum Mediator: Bezieht dieser Punkte in die Mediation ein, für die er keinen Auftrag hat, erwächst ihm hieraus kein Vergütungsanspruch. Darüber hinaus führt eine Auftragsverletzung zum Kündigungsrecht der Beteiligten. Die Definition des Vertrags ist aber auch wichtig für die Beteiligten: Wenn bei einem punktuell begrenzten Mediationsauftrag eine Partei versucht, andere Punkte mit

---

[4] Zum Beispiel BGHZ 76, S. 46 und BGH, in: NJW 1990, S. 391 für Vertragsstrafvereinbarungen im Zusammenhang mit Grundstückskaufverträgen.
[5] Zum parallelen Fall beim Grundstückskaufvertrag vgl. BGH, in: NJW 1987, S. 54.

einzubeziehen, kann der Verhandlungspartner m. E. berechtigt die Mediationsbemühungen scheitern lassen, ohne zum Ersatz von eventuell vereinbarten (s. o.) Vertragsstrafen oder Aufwendungen verpflichtet zu sein.

Zu definieren ist insbesondere, ob Punkte, über die bereits Einigung erzielt wurde, in dem Mediationsverfahren nochmals zur Disposition gestellt werden können (z. B. zum Zweck der Kompensation für andere Zugeständnisse) oder ob die Punkte, bezüglich derer Einigung erzielt wurde, nicht mehr angerührt werden dürfen.

(a) Beide Vorgehensweisen bieten Vorteile: Werden bereits erzielte Einigungspunkte als sakrosankt behandelt, reduziert sich das Einigungspotential, und es werden in das Mediationsverfahren unter Umständen Problemursachen, die sich aus den Einigungspunkten ergeben, nicht mit einbezogen. Andererseits eröffnet das „Antasten" von Punkten, bezüglich derer Einigkeit erzielt wurde, daß bereits erzielte Verhandlungsergebnisse beliebig in Frage gestellt werden können.

(b) Sinnvoll erscheint deshalb ggf. ein zweigeteilter Mediationsauftrag: Auf einer ersten Verfahrensstufe ist zu versuchen, den Streit um die noch offenen Punkte beizulegen, ohne daß die bisher erzielten Einigungen angetastet werden; erst wenn dies scheitert, soll auf einer zweiten Stufe versucht werden, Einigung über die noch offenen Punkte zu erzielen, indem auch die bisher erzielten Einigungen zur Disposition gestellt werden.

## 2.5 Bis zur erfolgreichen Mediation aufgeschobener Vertragsschluß oder Mediation zur Ergänzung eines schon geschlossenen Vertrags

Ohne Einigung über die nach dem Gesetz wesentlichen Vertragsbestandteile („essentialia negotii") ist ein Vertrag überhaupt nicht zustande gekommen. Nach § 154 BGB ist darüber hinaus „im Zweifel" ein Vertrag nicht geschlossen, wenn nicht über alle (auch die nach dem Gesetz nicht zwingend notwendigen) Bedingungen, über die auch nur eine Partei eine Einigung herbeiführen will, Übereinstimmung erzielt wurde. § 154 BGB enthält nur eine Auslegungsregel. Die Parteien können bei noch nicht vorhandener Einigung über die wesentlichen Vertragsbestandteile selbst regeln, welche Auswirkungen die noch offenen Punkte auf den Gesamtvertrag haben.

(a) Dementsprechend können, selbst wenn sich die Beteiligten über die essentialia negotii geeinigt haben, die Parteien vereinbaren, daß vor Einigung (mit Hilfe der Mediation) über alle „offenen Punkte" kein Vertrag zustande gekommen ist.

(b) Statt dessen können die Parteien bei solchen offenen Punkten, die nicht zu den essentialia negotii gehören, vereinbaren, daß trotz der noch offenen Punkte der Vertrag als geschlossen angesehen wird und über seine Ergänzung in dem Mediationsverfahren noch verhandelt wird. Scheitert in einem solchen Fall die Mediation, sind die noch offenen Punkte durch Vertragsauslegung zu ermitteln; wenn diese scheitert durch Rückgriff auf die dispositiven Regeln, die das Gesetz für diesen Vertragsaspekt enthält oder die durch die Rechtsprechung entwickelt wurden.[6] Wenn sich eine Partei auf dieses Risiko der „Vertragsergänzung", auf die nicht Einfluß genommen werden kann, nicht einlassen will, können Rücktrittsrechte vereinbart werden für den Fall, daß das Mediationsverfahren nicht zum Erfolg führt.

## 3. Techniken alternativer Streitbeilegung zur Bewältigung von Vertragsabwicklungsproblemen

### 3.1 Vertragslücken, teilunwirksame Verträge

Vertragslücken entstehen, wenn Punkte, die bei einer sorgfältigen Vertragsgestaltung von vornherein hätten bedacht werden können, vergessen werden (Fall des § 155 BGB) oder wenn im ursprünglichen Vertrag enthaltene Vertragsbestimmungen unwirksam sind oder (z. B. wegen einer geänderten Rechtsprechung) unwirksam werden. Für Vertragsklauseln, die von vornherein unwirksam sind oder wegen einer geänderten Rechtsprechung unwirksam werden, enthält § 139 BGB die Vermutung, daß sich die Teilnichtigkeit auf das gesamte Rechtsgeschäft erstreckt. Dabei wurde durch die Rechtsprechung freilich für viele Fallgruppen umgekehrt eine Vermutung gegen die Gesamtnichtigkeit aufgestellt.[7] Dasselbe Problem stellt sich bei Lücken, die sich durch einen sogenannten versteckten Dissens ergeben, wobei hier nach § 155 BGB die Vermutung für den Vertragsschluß im übrigen besteht.

In der Praxis werden beide Probleme häufig durch sogenannte Salvatorische Klauseln geregelt. Diese Salvatorischen Klauseln existieren in der Form von Erhaltungsklauseln (diese beschränken sich darauf anzuordnen, daß die Teilnichtigkeit oder die Lücke nicht zur Unwirksamkeit des gesamten Vertrags führt) oder von Ersetzungsklauseln (die häufig mit Erhaltungsklauseln kombiniert werden), wonach an die Stelle der Lücke bzw. der

---

6 BGH, in: NJW 1975, S. 1116; BGHZ 41, S. 275; BGH, in: NJW 1997, S. 2671.
7 S. dazu z. B. *Palandt-Heinrichs*, BGB, Rz. 6 ff. zu § 139 BGB.

nichtigen Regel eine wirksame Regelung treten soll. In den wenigsten Fällen wird eine konkrete Ersatzregel für den Fall getroffen, daß die ursprüngliche Bestimmung unwirksam sein sollte. Häufig beschränkt man sich darauf festzulegen, daß eine Regel gelten soll, „die den Absichten der Vertragsparteien am weitestgehenden entspricht und den Zweck des Vertrags am besten realisiert". Die Unbestimmtheit so vager „Ersetzungsgrundsätze" führt zu erheblichen Auslegungsproblemen und fördert den Streit um die „richtige Auslegung".

Ersetzungklauseln können darüber hinaus die Verpflichtung enthalten, bei Vertragsnachträgen mitzuwirken, durch die die Lücke geschlossen wird bzw. die unwirksame Regelung ergänzt wird, oder so ausgestaltet sein, daß sie es einer Partei ermöglichen, nach § 315 BGB die unwirksame Bestimmung durch eine wirksame Bestimmung zu ersetzen. Beide Alternativen weisen Probleme auf:

Klauseln, die beide Beteiligten verpflichten, bei Nachträgen zusammenzuwirken, führen in der Regel nicht zu mehr als zur Verpflichtung, in Vertragsverhandlungen zu treten, ohne daß deren Gelingen prognostiziert werden kann, weil kein Einigungszwang bezüglich einer bestimmten Ergänzungsregel besteht.

Klauseln, die einer Partei ein einseitiges Ersetzungsrecht nach § 315 BGB geben, gewähren dieser Partei einen starken „Gestaltungsvorsprung", da eine gerichtliche Überprüfung nur am wenig strengen Billigkeitsmaßstab möglich ist. Immerhin hat diese Klausel den Vorteil, daß eine ersetzende Bestimmung unproblematisch getroffen werden kann.

An dieser Stelle könnte ein Mediationsverfahren oder ein sonstiges Verfahren mit Techniken außergerichtlicher Streitbeilegung sinnvoll sein, das zum Ziel hat, die lückenhafte oder unwirksame Regelung zu ergänzen. Ziel ist eine Vertragsergänzung um eine konkrete Klausel, die möglichst geringen Auslegungsspielraum läßt. Das Ziel soll realisiert werden durch Parteiverhandlungen, die von einem Mediator unterstützt werden oder durch sonstige Techniken alternativer Streitbeilegung. Regelungsbedürftig ist ein eventuelles Scheitern der „mediativen Vertragsergänzung". In diesem Fall kann speziell bei Dauerverträgen jedem Beteiligten ein Kündigungsrecht eingeräumt werden. Alternativ kann nach dem vergeblich parteiautonomen Ergänzungsversuch abgestellt werden auf die o. a. diffusere Vertragsauslegung oder auf Ersetzungsrechte für eine Partei.

## 3.2 Vertragsstörungen

Unter dem Überbegriff „Vertragsstörungen" versteht man die Probleme, die sich bei Vertragsverhältnissen ergeben, wenn einem Vertragspartner die Erbringung der geschuldeten Leistung unmöglich wird (juristisch: Unmöglichkeit oder Unvermögen), wenn er die Leistung zu spät erbringt (juristisch: Verzug) oder wenn er die Leistung schlecht erbringt (juristisch: Gewährleistung bzw. positive Vertragsverletzung). Den vom Gesetz und von der Rechtsprechung entwickelten Regeln zur Bewältigung dieser Vertragsstörungsprobleme ist gemeinsam, daß sie – für allgemeinverbindliche Regelungen notwendig – die Abwicklungsproblematik verengen auf das konkrete Vertragsverhältnis und z. B. nicht berücksichtigen (können), daß dieses konkrete Vertragsverhältnis, bei dem die Leistungsstörung eintritt, nur ein Vertragsverhältnis von vielen zwischen den selben Vertragsbeteiligten während langjähriger Geschäftsbeziehungen darstellt.

Darüber hinaus ist diesen normativen und durch die Rechtsprechung entwickelten Regeln gemeinsam, daß sie mehr oder weniger schnell das Scheitern der Durchführung des geschlossenen Vertrags vorsehen: schneller z. B. bei der nachträglichen Unmöglichkeit bzw. beim nachträglichen Unvermögen nach § 275 BGB und bei der Gewährleistung im Kaufvertragsrecht, wenn es um den Stückkauf geht (wo sehr schnell die Wandelung nach §§ 459, 462 bis 467 BGB ermöglicht wird), weniger schnell beim Verzug, der das Vertragsverhältnis zunächst bestehen läßt (siehe § 286 Abs. 1 BGB) und nur im Ausnahmefall des § 286 Abs. 2 bzw. § 326 BGB unter zusätzlichen Voraussetzungen das Scheitern des originären Vertrags vorsieht, oder bei der Gewährleistung im Werkvertragsrecht (die dem Werkunternehmer grundsätzlich die Nachbesserungsmöglichkeit eröffnet und dem Auftraggeber nur in Ausnahmefällen ein sofortiges Wandelungsrecht gibt, siehe dazu §§ 633 und 634 BGB).

Die Verengung der normativ vorgezeichneten Problemlösungstechnik auf das einzelne Vertragsverhältnis führt ebenso wie die Tatsache, daß das Festhalten am konkreten Vertragsverhältnis relativ schnell zu scheitern droht, dazu, daß alternative Konfliktlösungspotentiale, die sich aus einem langjährigen und umfangreichen Geschäftskontrakt ergeben, nicht berücksichtigt werden können: z. B. die Möglichkeit einer Partei, der die Leistung unverschuldet unmöglich wird, das Recht einzuräumen, den verlorenen „Umsatz" durch Umsätze mit anderen Produkten aus den gegenseitigen Lieferbeziehungen aufzuholen, oder die Möglichkeit, Schadenersatz nicht nur durch Naturalrestitution oder durch Geldersatz zu leisten, sondern durch Vorzugskonditionen bei sonstigen Lieferbeziehungen etwa. Hier können von findigen Mediatoren Konfliktlösungsmöglichkeiten erarbeitet werden, die wegen des Fehlschlagens eines einzelnen Vertrags in einer ganzen Serie eventuell langjährig geschlossener Verträge nicht zum Scheitern der gesamten Geschäftsbeziehung führen und damit zu einem Alles oder Nichts (z. B. Unmöglichkeit der Leistung vor oder nach Gefahrübergang), sondern zu vermittelnden Lösungsansätzen.

### 3.3 Vertragsgrundlagenstörungen

Speziell bei Vertragsverhältnissen, deren Abwicklung sich über einen langen Zeitraum erstreckt, können sich Abwicklungsprobleme ergeben, wenn die sogenannten Vertragsgrundlagen erschüttert werden, z. B. wenn sich für einen Lieferanten, der auf Jahre hinaus Verträge zu Festpreisen abgeschlossen hat, die Bedingungen, zu denen er einkauft, drastisch verschlechtern oder wenn sich für Abnehmer, die auf Jahre hinaus Absatzmengen geordert haben, die Absatzmöglichkeiten drastisch verschlechtert haben. Die Rechtsprechung hilft hier nur in Extremfällen unter dem Gesichtspunkt des § 242 BGB (Treu und Glauben), vorausgesetzt, daß die Erschütterung der Vertragsgrundlage wesentlich ist,[8] außerhalb der Risikosphäre eines Vertragsbeteiligten liegt[9] und daß „Zumutbarkeitsgrenzen" überschritten sind[10]. Nach den von der Rechtsprechung entwickelten Regeln, wie solche wesentlichen Vertragsgrundlagenstörungen zu bewältigen sind, ist nach einer ergänzenden Vertragsauslegung zu suchen;[11] erst wenn diese scheitert, kann einem Beteiligten ein Lösungsverhältnis von dem Vertrag eingeräumt werden[12].

Nach bisher überwiegender Auffassung war die bei Erschütterung der Geschäftsgrundlage erforderliche Vertragsanpassung eine feststellende Aufgabe für das Gericht.[13] Nach einer in neuerer Zeit vertretenen Ansicht ist die gerichtliche Anpassung nur subsidiär; ihr hat eine Neuverhandlung der Parteien zur Vertragsanpassung voranzugehen, bei der alle Beteiligten

8 BGH, in: NJW 1989, S. 289.
9 BGHZ 101, S. 152; BGH, in: NJW-RR 1991, S. 12 ff., S. 69.
10 BGHZ 128, S. 238; NJW 1995, S. 48.
11 BGHZ 89, S. 238; NJW 1984, S. 1747.
12 BGH, in: NJW 1997, S. 1705; BGHZ 101, S. 150.
13 BGH, in: NJW 1972, S. 152; *Roth*, in: Münchener Kommentar, BGB, Rz. 551 zu § 242 BGB.

mitwirken müssen. Erst beim Scheitern dieser Verhandlungen kann die gerichtliche Anpassung verlangt werden.[14]

Solche Neuverhandlungen können unter Heranziehung von Techniken alternativer Streitbeilegung geführt werden, ggf. unter Heranziehung eines Mediators. Schon beim Abschluß eines Vertrags kann vereinbart werden, daß sich eine Partei, wenn sie sich auf geänderte Geschäftsgrundlagen berufen will, vor Anrufung des Gerichts um eine Verhandlungslösung bemühen muß und wie diese Verhandlung strukturiert wird (z. B. unter Einschaltung eines Mediators).

In solchen Fällen kann darüber hinaus durch Techniken außergerichtlicher Streitbeilegung schon vor Erreichen von Opfergrenzen versucht werden, das Vertragsverhältnis im beiderseitigen Einvernehmen zu korrigieren, ggf. sogar, wenn die Störung im Bereich der Risikosphäre eines Beteiligten liegt (z. B. wenn Fremdwährungsgeschäfte geschlossen werden, ohne daß das Wechselkursrisiko abgesichert wird). So kann auch versucht werden, daß das Risiko einer (vom Gericht vorgenommenen) überhaupt nicht parteibeeinflußten und parteibeeinflußbaren Vertragsauslegung minimiert wird.

### 3.4 Wertsicherungsvereinbarungen

In vielen Fällen, vor allem bei Dauerschuldverhältnissen, wird versucht, eine Wertsicherung zu vereinbaren. In den Fällen, in denen sogenannte Währungsgleitklauseln (z. B. Anpassung an einen Lebenshaltungskostenindex) wegen des noch geltenden § 3 Währungsgesetz nicht vereinbart werden können, weil die Klauseln nicht genehmigungsfähig sind oder nicht vereinbart werden, weil die Automatik der Anpassung den Beteiligten nicht genehm ist, wird vereinbart, daß ab einer bestimmten Veränderung der wirtschaftlichen Verhältnisse die Beteiligten über die Anpassung der Vertragsklauseln verhandeln müssen (sog. Leistungsvorbehalt). Diese Vereinbarungen erfolgen dann normalerweise rein parteiautonom, wobei die eine Vertragspartei an einem möglichst starken Beibehalten des bisherigen Vertrags interessiert ist, während die andere Vertragspartei an einer möglichst starken Korrektur der vertraglichen Beziehungen interessiert ist. Alternativ kann ein Dritter als Schiedsgutachter die Anpassung nach § 317 BGB vornehmen. Statt dessen kann vorgesehen werden, daß ein Mediator eingeschaltet wird, und zwar entweder,

---

14 *Eichenmüller*, in: ZIP 1995, S. 1063 m. w. N.

indem von vornherein die Beiziehung des Mediators vereinbart wird, wenn die entsprechende „Bedingung" erfüllt ist oder indem die Einschaltung des Mediators vereinbart wird für den Fall, daß die rein parteiautonome Lösung scheitert.

### 3.5 Laufende Mediation zur Pflege der Vertragsbeziehungen

Bei vertraglichen Beziehungen, die auf Dauer angelegt sind, z. B. bei Gesellschaftsverträgen oder bei langjährigen Lieferbeziehungen, ergeben sich häufig potentielle Konflikte (z. B. wenn ein Gesellschafter, der derzeit in der Gesellschaft verbleiben will, aber für den Fall seines Ausscheidens oder des Ausscheidens eines Mitgesellschafters eine Abfindungsregel für unwirksam oder nicht mehr passend hält) oder latente Konflikte (vereinzelte Vertragsverletzungen oder -störungen einer Vertragspartei werden von der anderen Partei vorübergehend geduldet, ohne akzeptiert zu werden), die sich zu einem späteren Zeitpunkt zu ernsten Konflikten ausweiten können. Diese potentiellen oder latenten Konflikte werden in der Hoffnung, daß sie sich niemals realisieren, von den Beteiligten verdrängt oder unterdrückt mit der Folge, daß Konfliktlösungspotentiale im Vorfeld eines aktuellen Streits unberücksichtigt bleiben.

In diesem Fall kann eine bei Vertragsabschluß vereinbarte „vertragsbegleitende Drittbetreuung" helfen, schon vor Ausbruch von Streitigkeiten den Konflikt durch Bemühung um Vertragsänderungen, Vertragsanpassungen oder Verhaltensanpassungen zu entschärfen oder zu vermeiden. Diese Drittbetreuung kann dergestalt erfolgen, daß der Dritte entweder von den Beteiligten außerhalb von aktuellen Konfliktsituationen angerufen werden kann oder von sich aus bei den Beteiligten nach potentiellen Konflikten aus dem Vertragsverhältnis forscht.

## 4. Der „Mediations"vertrag

Die Beiziehung Dritter zum Zweck der alternativen Streitbeilegung, insbesondere die Beiziehung eines Mediators, erfolgt aufgrund eines Vertrags, der in der Typologie des BGB nicht gesondert geregelt ist. Aufgrund der Neuartigkeit der Mediation war der „Mediationsvertrag" selbst bisher nicht Gegenstand vertiefter kautelarjuristischer Überlegungen. Die beim Abschluß eines „Mediationsvertrags" erforderlichen kautelarjuristischen Überlegungen sollen hier ganz kurz angerissen werden.

Der Mediationsvertrag ist ein Vertrag zwischen allen an der Mediation beteiligten Personen und dem Mediator. Er regelt sowohl Beziehungen der Beteiligten mit dem Mediator als auch unter den Beteiligten.

a) im Verhältnis zum Mediator hat der Vertrag dienstvertragliche Elemente und kommt seiner Rechtsnatur nach einem Schiedsgutachtervertrag oder Schiedsrichtervertrag nahe, hat aber keine prozeßvertraglichen Elemente.

Regelungsbedürftig ist der konkrete Mediationsauftrag, insbesondere der Umfang der Mediation.

Regelungsbedürftig ist weiter die Vergütung des Mediators. Fehlt eine solche Einigung über die Vergütung, hat der Mediator Anspruch auf Aufwendungsersatz und auf eine übliche Vergütung nach § 612 und § 670 BGB. Bei der Regelung der Vergütung kommt entweder eine Stundensatzvereinbarung in Betracht, die keine Probleme aufwirft, wenn der Mediationsvertrag von einer Partei vorzeitig gekündigt wird (siehe dazu noch unten), oder eine Einmalvergütung. Bei der Einmalvergütung ist zugleich regelungsbedürftig, ob die Vergütung auch in voller Höhe verdient ist, wenn die Mediation vorzeitig abgebrochen wird, z. B. der Mediationsvertrag von einem Beteiligten gekündigt wird.

Hinsichtlich der Dauer der Mediation wird in der Regel vereinbart werden, daß die Mediation andauert, bis das konkrete Ziel erreicht ist, also entweder die Beteiligten die beabsichtigte vertragliche Vereinbarung geschlossen haben oder der Mediator einen Vorschlag für die vertragliche Einigung unterbreitet hat. Für die Vertragsbeteiligten ergibt sich hieraus das Problem, daß der Mediator ggf. ein Interesse an einer langen Vertragsdauer haben kann. Deshalb sollten vorzeitige Kündigungsrechte eingeräumt werden, zumindest, wenn mit Ausnahme des Mediators sämtliche sonstigen an der Mediation beteiligten Personen das Mediationsverhältnis nicht mehr fortsetzen wollen. Darüber hinaus sollte ggf. auch einer einzelnen, an der Mediation beteiligten Partei das Recht zur Kündigung des Gesamtvertragsverhältnisses eingeräumt werden, wenn hierfür ein wichtiger Grund besteht, z. B. Anhaltspunkte dafür bestehen, daß der Mediator nicht die erforderliche Neutralität aufweist.

Regelungsbedürftig ist, wer von den Beteiligten die Kosten übernimmt. Fehlt eine solche Regelung, wird eine gesamtschuldnerische Haftung und Gesamtschuldnerausgleich anzunehmen sein.

b) Der Mediationsvertrag beschränkt sich aber nicht auf die Regelung der Beziehungen der Beteiligten zum Mediator, sondern auch auf das Verhältnis der Beteiligten untereinander. Besonders regelungsbedürftig wird wohl sein, wie einzelne Erklärungen der Beteiligten zu werten sind, damit nicht bei einzelnen Äußerungen die Frage aufgeworfen wird, ob die Erklärungen bereits als rechtsgeschäftliche Erklärungen verstanden werden können, die ggf. sofort mündlich angenommen werden können und die für die Beteiligten das Risiko bergen, daß sie Erklärungen abgeben, die zu Vertragsschlüssen führen, obwohl sie sich soweit noch nicht binden wollten. Es ist m. E. sinnvoll zu vereinbaren, daß der Vertrag oder die Vertragsergänzung, die aufgrund der Mediation zustande kommen soll, besonders formbedürftig ist. In Betracht kommt hier die Vereinbarung der notariellen Beurkundung oder die Vereinbarung der Schriftform in der strikten gesetzlichen Form, wonach der Vertrag erst dann zustande gekommen ist, wenn die Beteiligten auf derselben Urkunde die Vereinbarung unterzeichnen.

# 5. Zusammenfassung

Techniken alternativer Streitbeilegung können in sinnvoller Weise nicht nur zur Bewältigung gestörter Vertragsbeziehungen eingesetzt werden, sondern bereits bei der originären Vertragsverhandlung. Sie können eingesetzt werden bei der Bewältigung von Vertragsabwicklungsproblemen, zur Schließung von Vertragslücken oder zur Bewältigung von Vertragsstörungen und Vertragsgrundlagenstörungen sowie im Zusammenhang mit Wertsicherungsvereinbarungen sowie allgemein zur Pflege der Vertragsbeziehungen.

Der „Mediationsvertrag" als solcher ist ein neuartiger Vertrag, dessen Grundstrukturen und kautelare Ausgestaltung in Zukunft noch vertiefter Diskussion bedarf.

DIETER RÖSSNER

# Mediation und Strafrecht

## 1. Das Dilemma der Strafe zwischen Übelvergeltung und sozialer Friedensstiftung

Die Strafe als ausgleichende Übelzufügung gegenüber einem Verantwortlichen ist ein traditionelles und naheliegendes Mittel. Es findet sich im Rechtsgefühl ebenso wie in nachgeschobenen rationalen Begründungen. Strafe muß sein! Wie Du mir, so ich Dir! Unrecht darf sich nicht auszahlen! – sind die Kurzformeln. Der Schaden beim Opfer und der Gemeinschaft muß durch eine angemessene Wunde geheilt werden,[1] ist die eingängige juristische Begründung. Doch kann man überhaupt von gerechtem Ausgleich sprechen, wenn nach dem unüberlegten Katastrophenrezept des „Mehr von demselben"[2] Böses mit Üblem in der Form eines wechselseitigen Aggressionsausgleichs vergolten wird? Mit dem Grundsatz „Auge um Auge" geht die Gefahr einher, daß die ganze Welt erblindet. Die bekannte Formel taugt allenfalls als Richtschnur für eine Reaktionsbegrenzung. Andere sehen deshalb die Reaktion auf eine schlimme Tat im Heilen der Wunden, im Regeln des Konflikts. Abkehr vom gewalttätigen Stil des Gegners, Verzeihung und konstruktiver Neuanfang sind das Ziel. Eine vergeltende Strafe wäre nur hinderlich.

Wie der einzelne Mensch mit Unrecht umgeht, d. h. welcher der aufgezeigten Grundrichtungen er zuneigt, hängt von der Persönlichkeitsstruktur ab. Autoritäre Persönlichkeiten[3] vertrauen eher auf vergeltende Strafen und ihre Wirkungen im sozialen Umgang. Menschen, die Konflikte möglichst nach dem Prinzip der Gegenseitigkeit regeln und nach einer autonomen Moral handeln,[4] suchen die konstruktive Konfliktlösung.

1 *Binding*, Die Normen und ihre Übertretung, 3. Aufl., Leipzig 1916, S. 284.
2 *Watzlawick*, Anleitung zum Unglücklichsein. München 1983, S. 27 ff.
3 *Adorno*, Studien zum autoritären Charakter, Frankfurt 1973.
4 *Kohlberg*, Zur kognitiven Entwicklung des Kindes, Frankfurt 1974.

Die Diskrepanz ethischer Grundhaltungen zur Strafe findet sich auch in der Philosophie. Auf der einen Seite fordert *Kant* in der Metaphysik der Sitten, daß vor der Auflösung einer Gesellschaft auch der letzte im Gefängnis befindliche Mörder hingerichtet werden müsse, damit jedermann das widerfahre, was seine Taten wert seien. Auf der anderen Seite kommt Beccaria am Ende seiner Abhandlung „Über Verbrechen und Strafen" (1764) zu der Erkenntnis, daß Strafen die schlechteste Möglichkeit zur Verhaltensänderung ist. Strafe als Garant der Gerechtigkeit auf der einen und Strafe als letzter Notbehelf auf der anderen Seite – größer können die Unterschiede kaum sein!

Mit Blick auf die Polarität der Grundpositionen erstaunt es nicht, daß mit unrechtsbezogenen Konflikten alltäglich eher pragmatisch als prinzipiengeleitet umgegangen wird. So mag der Grundsatz „Strafe muß sein" als allgemeine Aussage breite Zustimmung finden. Schon aus dem persönlichen Bereich wissen wir jedoch, daß alternative Umgangsformen häufig sind. Es werden nach einer Unrechtshandlung beide Augen zugedrückt, es wird aus einer Mücke kein Elefant gemacht, es wird verziehen oder man läßt Gnade vor Recht ergehen. Die Erfahrung lehrt, daß solche Reaktionen in bestimmten Situationen das geordnete Zusammenleben eher fördern als eine rigide Strafe. Sie wird bestätigt durch soziologische Erkenntnisse zur Sanktion: Normstabilisierung und die Ordnung des Zusammenlebens erfordern flexible Strategien.[5]

Für den Umgang mit der Strafe ist es nicht nachteilig, daß es für dieses scharfe Instrument keine eindeutige Begründung gibt. Der ethische Legitimationsdruck bewahrt den Wissenden vor gefährlicher Reinheit ideologischer Verblendung.[6]

## 2. Wiedergutmachung als basales menschliches Verhalten

Neue Ergebnisse der Primatenforschung deuten darauf hin, daß die Haltung zur Wiedergutmachung im sozialen Konflikt biologisch verwurzelt ist. Versöhnungsgesten mit dem Agressionsopfer spielen im Zusammenleben von Schimpansengruppen eine elementare Rolle.[7] Mittel zur Deeskalation

5 *Luhmann*, Rechtssoziologie, Opladen 1987.
6 *Rössner*, Probieren und Studieren unter den Bedingungen relativen Nichtwissens, Bewährungshilfe 25, 1988, S. 421 ff.
7 *De Waal*, Wilde Diplomaten, Wien 1991.

von Aggressionen sind beruhigende Äußerungen oder direkter Körperkontakt. Das Kontaktbedürfnis nach einem Streit bezieht in besonderer Weise den früheren Gegner mit ein. In einem komplizierten Prozeß werden zwei feindliche Individuen wieder zu Freunden.

Wir können also begründet vermuten, daß Verhaltensweisen der Versöhnung zum biologischen Programm des Menschen gehören. Freilich ist hier vieles ungeklärt – anders als bei der besser erforschten Aggression. Man sollte daher verstärkt der Frage nachgehen, wie dieses Programm im sozialen Zusammenleben aktiviert werden kann.

Belege dafür, daß Wiedergutmachung und Konfliktschlichtung grundlegende Elemente menschlichen Verhaltens sind, finden sich auch in der ethnologischen Forschung.

Danach wurde die angelegte Versöhnungsgestik vom menschlichen Bewußtsein als ein Mittel mit positiven Auswirkungen für die Gemeinschaft erkannt. Der gewalttätige Umgang mit einem Konflikt brachte Furcht und Angst vor Vergeltung mit sich, während der Weg der Wiedergutmachung Sicherheit, Stabilität und Fortkommen der Gemeinschaft gewährleistete.[8] Der rituelle Weg in menschlichen Gemeinschaften zur Konfliktlösung entwickelte sich im Gegensatz zur Gestik der Primaten auf dem Gebiet verbaler Kommunikation. Konfliktregelungen werden häufig im „Palaver" gemeinsam erledigt. Ziel ist eine Vereinbarung zwischen den Parteien, die den Konflikt ohne einseitige Verurteilung und Schuldzuschreibung bereinigt.[9] Je kleiner eine Gemeinschaft ist und je weniger soziale Distanz in ihr herrscht, desto leichter ist die Konfliktverarbeitung nach einem Streit. Das Interesse der Gruppe als Ganzes ist ebenso wichtig wie die Interessen der streitenden Parteien. Wie solche friedenstiftenden Rituale aussehen können, demonstriert augenfällig ein Beispiel aus Bali: Dort werden Menschen nach schweren Streitigkeiten in eine besondere Hütte gesetzt, deren Wände fehlen, so daß die Dorfbewohner ein Auge auf die beiden Streithähne haben. Sie dürfen nicht eher aus der Hütte zurückkehren, bis ihre Differenzen beigelegt sind.[10]

Wir können zusammenfassen, daß Friedenstiften und Konfliktschlichtung in allen möglichen Varianten sowohl bei weitentwickelten Säugetieren als auch bei den ersten menschlichen Gemeinschaften festzustellen sind. Das durch Gestik bestimmte Verhalten der Affen entwickelt sich in rational

8 *Brauneck*, Allgemeine Kriminologie, Hamburg 1974, S. 97 ff.
9 *Hoebel*, Das Recht der Naturvölker, Olten u. a. 1968, S. 144 ff.; *Schott*, Ethnologische Forschungen, in: HdwKrim, Bd. 1, 2. Aufl., Berlin 1965, S. 191 ff.
10 *DeWaal*, a. a. O.

bestimmten kulturellen Formen der Streitschlichtung fort. So ist es kein Wunder, daß sie sich auch in der im folgenden kurz zu umreißenden Geschichte des Strafrechts wiederfinden.

## 3. Täter-Opfer-Ausgleich (TOA) als zeitübergreifendes Element strafrechtlicher Sozialkontrolle

Konfliktverarbeitung und Wiedergutmachung (Restitution) sind dem Strafrecht als „natürliche" menschliche Verhaltensweise und in vorgeschichtlicher Zeit erfahrene soziale Wohltat sozusagen in die Wiege gelegt. So ist es nur selbstverständlich, daß sich Wiedergutmachung und TOA schon in frühen Gesetzessammlungen wie z. B. dem Codex Hammurabi (1700 v. Chr.) finden und bis zum Mittelalter tragendes Element des Strafrechts bleiben.

Exemplarisch sind Regeln wie im frühen jüdischen Recht, das aus der Bibel bekannt ist (Exodus 21.37–22.3), wonach der Dieb, der einen gestohlenen Ochsen oder ein Schaf getötet oder verkauft hat, dem Geschädigten 5 Ochsen bzw. 4 Schafe zu ersetzen hat. Selbst im römischen Strafrecht, das mit seiner Nähe zum Zivilrecht von vornherein Elemente eines TOA enthielt, wurde Unrecht vielfach durch Zuschläge auf den Schadensersatz (Duplum) gesühnt. Im germanischen Recht verdichtete sich die Bußgeldleistung in den Volksrechten der fränkischen Zeit (vom 5.–9. Jh. n. Chr.) in einem Kompositionensystem, das in sehr differenzierter Weise Bußen für bestimmte Rechtsverletzungen verbindlich festlegte.

Die Wiederherstellung des Rechtsfriedens durch sozialen Ausgleich war das entscheidende Ziel solcher Strafrechtspflege. Wiedergutmachung und TOA haben weithin die Sanktion bestimmt. Selbst Kapitaldelikte wie Mord und Totschlag wurden durch soziale Verträge geregelt, wenn sich z. B. der Täter noch im 14. Jahrhundert verpflichtete, 25 Wachskerzen für die Aufbahrung des Erschlagenen in der Kirche zu stiften; ein gesungenes Seelenamt und 2 Dutzend Messen für ihn halten zu lassen. Die Konfliktregelung hatte die Bezugspunkte Täter, Opfer und Gemeinschaft.[11]

Mit dem Entstehen des staatlichen Strafrechts zu Beginn des Mittelalters wurde der private zum öffentlichen Konflikt. Staatliche Kontrolle wollte keine private Mitwirkung dulden. Der schwache, noch in der Enwicklung be-

---

11 *Rössner*, Historische Aspekte des Opferschutzes und opferorientierter Sanktionen, in: Schädler, Baurmann, Sievering (Hrsg.), Hilfe für Kriminalitätsopfer als internationale Bewegung, Bonn 1990, S. 7 ff.

griffene Staat entdeckte die symbolische Macht des öffentlichen Strafrechts und verwendete es konsequent für sein Interesse. Todes- und Leibesstrafen sollen die Opfer für ihren Verzicht auf private Konfliktlösungen entschädigen und zugleich die Allmacht und Überlegenheit des an sich schwachen Staates demonstrieren. Die Wiederherstellung des durch die Tat gestörten Gleichgewichts ist der Gemeinschaft entzogen und erfolgt nur noch im öffentlichen Gewaltverhältnis zwischen Staat und Täter. Nicht Integration, sondern Ausgrenzung ist das Ziel.

Im deutschen Strafrecht erlangte der TOA in der neuzeitlichen Entwicklung auch nicht ansatzweise die frühere Bedeutung. Insbesondere die im deutschen Idealismus des 19. Jahrhunderts entwickelten absoluten Straftheorien *(Kant und Hegel)* sahen in der Strafe eine von allen sozialen Bedingungen unabhängige Möglichkeit, Gerechtigkeit nach einer Straftat wiederherzustellen. In einer solchen Strafrechtskonzeption ist kein Platz für Wiedergutmachung und Konfliktregelung.

Die Renaissance des TOA hat daher erst sehr spät in den 80er Jahren unseres Jahrhunderts stattgefunden. Inzwischen ist § 46 a ins StGB gelangt und läßt für den Fall der Wiedergutmachung das Absehen von Strafe zu, wenn nicht Freiheitsstrafe von mehr als einem Jahr verwirkt ist.

## 4. Wiedergutmachung als Aufgabe der Strafrechtspflege – theoretische Grundlegung

Jeder Strafrechtslegitimation liegt der Freiheitsgedanke zugrunde: Darauf basiert das Schuldprinzip mit seiner fundamentalen, in unserer Rechtskultur derzeit nicht in Frage zu stellenden Annahme, daß Personen Erfolge in der Außenwelt bewirken können und daß menschliches Leben mit Verantwortlichkeit verknüpft ist und nicht aus bloßen Zufällen besteht. Unter der Prämisse von Handlungsalternativen und der sich fortlaufend verwirklichenden Ordnung in Abgrenzung zum Unrecht ist die Verantwortungsfreiheit nicht mit der Tat verwirkt, sondern als bleibende autonomiebezogene Aufgabe auch noch im Rahmen der Sanktionen relevant.

Die gerechte Ordnung ist nicht abstrakt, sondern auf die Belange der Mitmenschlichkeit ausgerichtet. Die hieraus resultierende Mitverantwortung ist ein Ausdruck menschlicher Freiheit und nicht bloßer Rechtsunterwerfung. In der Konsequenz ergibt sich aus der strafrechtlichen Verknüpfung von Zwang und Autonomie, daß der Täter trotz des notwendigen Zwangs Subjekt mit Teilhabemöglichkeit an der Wiederherstellung der Ordnung bleibt. In der Wiedergutmachung findet sich eine konkrete Ausformung der autonomen Wiederherstellung des Rechts durch Täter und Opfer.[12]

Autonome Konfliktregelung nach einer Straftat lebt davon, daß im Hintergrund Zwangsmittel bereitgehalten und im Notfall, quasi in Notwehr bei der Verteidigung der Rechtsordnung, zum Schutz des Schwachen aktiviert werden. Es gilt: Je mehr autonome Elemente die strafrechtliche Kontrolle enthält und je weniger sie auf durchgängige Repression setzt, desto stärker ist sie auf institutionellen Zwang in letzter Instanz angewiesen.

An dieser Stelle mögen die Strukturalisten – die großen Vereinfacher der Realität – einwenden, Autonomie im Schatten des äußeren Zwangs sei ausgeschlossen. Wer so eindimensional-formal urteilt, will nichts wahrnehmen von der unaufhebbaren Dialektik zwischen Freiheit und Unfreiheit bei einer das Menschliche wahrenden Reaktion auf strafrechtliches Unrecht in der Gemeinschaft. Wir ziehen aus der Betrachtung den Schluß, daß möglichst weitgehende Autonomie bei der Tatverarbeitung und institutioneller Zwang am Ende sich nicht ausschließen.

Das Strafrecht hat in dem magischen Dreieck zwischen Opfer, Täter und Gemeinschaft über die Wiederherstellung des Rechtsfriedens zu wachen. In die breite Palette der Reaktionen von der folgenlosen Einstellung über Auflagen und die traditionelle Strafe bis zu den Maßregeln gehört auch die freiwillige Wiedergutmachung: Strafrecht als kontrollierte Wiederherstellung des Rechtsfriedens fordert den Einbau der Wiedergutmachung als neue Spur zwischen dem Reaktionsverzicht und der traditionellen Strafe.[13]

## 5. Der neue Weg: integrierendes Sanktionieren

In der neueren Strafrechtstheorie findet die Wiedergutmachung starken Rückhalt. Strafrechtsdogmatik und kriminologische Überlegungen stimmen überein, wie folgende Überlegungen zeigen:

Die Tat ist die Basis strafrechtlicher Sanktionierung. Das Strafurteil ist in diesem Punkt eindeutig und genau: Es verurteilt den Angeklagten wegen eines Diebstahls, einer Körperverletzung ... und nicht als Dieb oder Schläger ... Das Strafurteil sagt ein klares „Nein" zur Tat, ist intolerant gegenüber dem Fehlverhalten, beschädigt aber grundsätzlich nicht die persönli-

---

12 *Rössner*, Autonomie und Zwang im System der Strafrechtsfolgen, in: Festschrift für J. Baumann zum 70. Geburtstag, Bielefeld 1992, S. 269 ff.

13 *Baumann*, Arbeitskreis deutscher, österreichischer und schweizerischer Strafrechtslehrer: Alternativ-Entwurf Wiedergutmachung (AE-WGM), München 1992, S. 22 ff.

che Integrität des Verurteilten. Diese auf den ersten Blick subtile Unterscheidung ist für Erkenntnisse über die strafrechtliche Aufgabe bei der Sanktionierung wichtig und erschließt neue Perspektiven. Die strafrechtlich genaue Unterscheidung zwischen Tat und Person läßt dem Täter die Chance, diese Differenz selbst zu dokumentieren, indem er das Verbrechen verantwortet und sich durch Wiedergutmachung gegenüber Opfer und Gemeinschaft davon distanziert.[14] Der amerikanische Soziologe Goffman sieht in der eigenverantwortlichen Normbestätigung und Selbstverurteilung den entscheidenden Schritt zur Integration: Das Individuum teilt sich in zwei Teile, in den Teil, der das Verbrechen begangen hat, und jenen anderen, der sich davon distanziert und die Norm selbst bekräftigt. Die plausible Hoffnung ist, daß nach gelungener personaler Reintegration jener erste Teil abstirbt.

Das Strafrecht hat bei dieser Lage der Dinge die heikle Aufgabe, das selbst aufgestellte Differenzierungsgebot zwischen Tat und Täter in der Sanktion zur Geltung zu bringen. Das Verlangen ist anspruchsvoll, müssen doch die widerstreitenden Prinzipien des Tadels und der damit notwendig verbundenen Ausgrenzung mit der Forderung nach sozialer Integration in Einklang gebracht werden. Das strafrechtliche Sanktionsprogramm hat die praktische Konkordanz beider Ansprüche zu bewerkstelligen. Gefragt sind also neue Wege der sozialkonstruktiven und selbstverantworteten Konfliktlösung im Rahmen strafrechtlicher Kontrolle.[15] Anders als bei den traditionellen Strafen soll die durch den Tadel gesetzte Differenz zwischen Gemeinschaft und Täter nicht verstärkt, sondern mit einem Angebot zur Reintegration abgebaut werden.

Die kriminologische Theorie des „reintegrative shaming" sieht schon in der strafrechtlichen Sanktion den ersten Schritt kommunaler Prävention.[16] Das Fehlverhalten muß klar abgegrenzt und mißbilligt werden; anschließend ist die Tat konstruktiv zu bewältigen, indem die Reaktion auf Selbstverantwortung und Integration in die Gemeinschaft zielt. Von vornherein klar ist, daß Integration durch das Strafrecht der Gemeinschaft nicht verordnet werden kann, sondern nur prozeßfördernde Rahmenbedingungen zu schaffen sind. Der TOA zeigt die praktische Relevanz dieser Idee wie keine andere Reaktion auf Unrecht.

........................

14 *Schild*, Vergeltung oder Gnade? Schweizerische Zeitschrift für Strafrecht, 1982, S. 378 ff.; *Rössner*, Autonomie und Zwang im System der Strafrechtsfolgen, a. a. O.

15 *Rössner*, Autonomie und Zwang im System der Strafrechtsfolgen, in: Festschrift für J. Baumann zum 70. Geburtstag, Bielefeld 1992 S. 409 ff.; *Rössner*, Strafrechtsfolgen ohne Übelzufügung, in: NStZ 1992, S. 409 ff.

16 *Braithwaite*, Crime, shame and integration, Cambridge 1989.

Weitere Möglichkeiten des integrierenden Sanktionierens sind in der kriminalpolitischen Diskussion. So ist es denkbar – insbesondere im Jugend-
strafrecht –, daß der Straftäter im kommunikativ gestalteten Sanktionspro-
zeß vertragliche Verpflichtungen übernimmt, z. B. keine weiteren Straftaten zu begehen, wiedergutmachende oder gemeinnützige Leistungen der
Gemeinschaft oder Akte der Selbstresozialisierung zu erbringen. In verschiedenen Bereichen von Verhaltensstörungen hat man mit entsprechenden Verhaltensverträgen gute Erfahrungen gemacht, denn mögliche Erfolge kann sich der Betroffene selbst gutschreiben und erhält so fortlaufend
positive Verstärkungen für das gewünschte Verhalten.[17]

Im übrigen ist integrierendes Sanktionieren das angemessene Straf-
rechtsprinzip für eine demokratische Zivilgesellschaft, wie sie in der politischen Theorie des Kommunitarismus mehr und mehr Gestalt annimmt.[18]
Erhaltung und Wiederherstellung des Rechtsfriedens bleiben nicht staatli-
cher (Strafrechts-)Dienstleistung überlassen, sondern gehören auch zum
Bereich der Selbstverantwortung von Tätern und dem der Gemeinschaft.
Die Beteiligten sind eher Nachbarn als Rechtspersonen, handeln gemeinsam, kooperativ und aktiv. Eine faire, integrierend-kooperative Sanktionierung wird so Gerechtigkeitssinn und Stabilität der Gemeinschaft[19] stärken.

## 6. Die Wiedergutmachung in der deutschen Strafrechtsreform

Bei der Realisierung der Mediation im Strafrecht hat der Arbeitskreis deutscher, schweizerischer und österreichischer Strafrechtslehrer mit seinem Al-
ternativentwurf Wiedergutmachung von 1992 (AE-WGM) wichtige Schritt-
macherdienste geleistet. Es war der erste und zugleich umfassendste Vorschlag, strafrechtliche Mediation materiell und verfahrensrechtlich in 25
Paragraphen zu regeln. In dieser vom materiellen Ausgangspunkt bis zur
prozessualen Durchführung aufeinander abgestimmten Form werden alle
entscheidenden Punkte der Implementierung der Wiedergutmachung im
Strafrecht angesprochen und gesetzlich gefaßt, so daß dieses nach wie vor
wegweisende Konzept hier kurz vorgestellt werden soll:

Nach dem AE-WGM soll die Wiedergutmachung in das Rechtsfolgensy-
stem der §§ 38 ff. StGB eingebaut werden. Entsprechend dem Aufgaben-

---

17 *Zimbardo*, Psychologie, 5. Aufl., Berlin 1992, S. 547.
18 *Barber*, Starke Demokratie, Hamburg 1994.
19 *Rawls*, Eine Theorie der Gerechtigkeit, Frankfurt 1975, S. 23, 346, 620.

zweck des Strafrechts, der Wiederherstellung des Rechtsfriedens, dient sie vor allem der Versöhnung des Täters mit dem Opfer. Die in §§ 1 und 2 AE-WGM getroffene Definition der Wiedergutmachung ist strikt an deren strafrechtlichen Aufgaben orientiert: Sie bezweckt den freiwilligen Tatfolgenausgleich, wobei vollständiger Schadensersatz nur eines der möglichen Mittel neben verschiedenen Formen der Mediation wie dem Versöhnungsgespräch, der Entschuldigung und Geschenken ist. Bei fehlendem materiellen Schaden (z. B. Versuch), nicht ausgleichsbereitem Opfer oder Delikten gegen die Allgemeinheit ist aus Gründen der Gleichbehandlung symbolische Wiedergutmachung mit gemeinnützigen Leistungen subsidiär möglich. Einbezogen sind auch Schadensersatzzahlungen gegenüber Versicherungen. Mit dieser großen Lösung bezieht sich der Ansatz auf alle Straftaten des StGB, wenngleich der Schwerpunkt bei der unteren und mittleren Kriminalität und Delikten mit personalem Bezug liegt. Tragende Prinzipien sind die freiwillige Erfüllung des strafrechtlichen Normzwangs und der Erfolg der Wiedergutmachung im Interessse des Opfers. Grundsätzlich müssen die Wiedergutmachungsleistungen bis zur Hauptverhandlung vollständig erbracht sein, wenn sie sanktionsrelevant sein sollen (§ 6 AE-WGM). Verhandlungsverzögerungen und unpünktliche Zahlungen werden so vermieden.

Das Verhältnis der Wiedergutmachung zur Strafe regelt § 4 AE-WGM so, daß die Wiedergutmachung bei einer anzunehmenden Freiheitsstrafe bis zu einem Jahr in der Regel zum Absehen von Strafe führt. Neben die vollständige Wiedergutmachungsleistung tritt aber der öffentliche Schuldspruch. Eine (zusätzliche) traditionelle Strafe kommt nur im Ausnahmefall in Betracht, wenn diese zur Einwirkung auf den Täter oder auf die Allgemeinheit unerläßlich ist. Im Sinne einer angemessen abgestuften Rechtsfolgenrelevanz kommt jenseits dieser Grenze bei schweren Straftaten und hohem Gewicht der präventiven Gründe eine obligatorische Strafmilderung in Betracht, ehe es am Ende bei § 46 Abs. 2 StGB als Strafzumessungsaspekt wie bisher bleibt. Bei den Aussetzungsmöglichkeiten der Freiheitsstrafe nach §§ 56, 57 StGB wird der Tatfolgenausgleich gestärkt (§§ 8, 9 AE-WGM).

Rechtsfolgen, die die Verantwortungsübernahme dem Zwang der Strafe voranstellen, fordern prozeßrechtlichen Freiraum für den autonomen Weg und Gestaltungshilfe für ratsuchende Opfer und Täter. In das kontradiktorische Verfahren mit der autoritativ garantierten Feststellung von Tathergang, Täterschaft und Strafbarkeit sind kooperative Elemente einzubauen, die die neue Sanktionsspur in das Prozeßrecht verlängern. Der AE-WGM geht unter Berücksichtigung aller wesentlichen Beschuldigtenrechte und

Verteidigungsinteressen in diese Richtung, indem für Beschuldigte und Verletzte eingehende Belehrungen über die Möglichkeiten der Wiedergutmachung und ihre Mitwirkungsfreiheit vorgesehen sind (§§ 10,14,15 WGM). Zentrale Instrumente für die Realisierung der Wiedergutmachung sind die zweckgebundene Ermächtigung zur Innehaltung des Verfahrens bei entsprechenden Bemühungen (§§ 13 Abs. 3, 16 Abs. 1 AE-WGM), die Einschaltung außergerichtlicher Schlichtungsstellen (§§ 12 Abs. 2, 16 Abs. 2 AE-WGM) und schließlich die richterliche Wiedergutmachungsverhandlung im neu aktivierten Zwischenverfahren vor dem zuständigen Gericht – bei Kollegialgerichten und einem beauftragten Richter (§§ 17, 18 AE-WGM). Die verfahrensbeendenden Erledigungsarten reichen dem umfassenden materiellrechtlichen Ansatz entsprechend von der Einstellung nach § 153 b StPO über den Schuldspruch mit Absehen von Strafe bis zur Aufnahme der Wiedergutmachung in den Eröffnungsbeschluß und dem Urteil bei obligatorischer Strafmilderung.

Inzwischen hat der Gesetzgeber mit dem Verbrechensbekämpfungsgesetz vom 28. 10.1994 die Grundidee des AE-WGM aufgegriffen und mit dem neuen § 46a StGB immerhin eine fakultative Möglichkeit der Strafmilderung für jeden Fall der Wiedergutmachung vorgesehen. Wenn keine höhere Strafe als Freiheitsstrafe bis zu einem Jahr oder Geldstrafe bis zu 360 Tagessätzen verwirkt ist, kann sogar ganz von Strafe abgesehen werden. Diese gesetzliche Regelung bleibt zwar hinter dem Vorschlag des AE-WGM zurück und enthält insbesondere keine prozessualen Vorkehrungen zur Realisierung des TOA, sie stellt aber die Wiedergutmachung als sozialkonstruktive Alternative zur Strafe heraus.[20]

Paragraph 46a StGB kennt den TOA (Nr. 1) und die Schadenswiedergutmachung (Nr. 2). Die Unterscheidung der beiden Alternativen ist vor dem Hintergrund der kriminalpolitischen Debatte darin zu sehen, daß TOA (Nr. 1) Tatfolgenausgleich im umfassenden Sinn, d. h. ideell und materiell, bedeutet. Die Schadenswiedergutmachung (Nr. 2) ist auf den Ersatz materieller Schäden beschränkt.

Die Vorschrift enthält zurecht keine Einschränkung orientiert an der Deliktsschwere. Wie die Praxis zeigt, wird sie zwar ihren Schwerpunkt bei der leichteren und mittleren Kriminalität haben, in Einzelfällen hat der TOA aber durchaus auch bei schweren Delikten seinen Platz. Länger dauernde Konflikte münden nicht selten in schwere Verletzungen, wobei präventiv

......................

20 *Rössner (Hrsg.)*, Verfahrenserledigung durch TOA im Allgemeinen Strafrecht in Strafverteidigervereinigungen, 19. Strafverteidigertag: Aktuelle Probleme der Strafverteidigung unter neuen Rahmenbedingungen, Köln 1995, S. 163 ff.

insbesondere der zugrundeliegende Konflikt geregelt werden muß. Deshalb ist sowohl der recht hohe Strafrahmen bis zu einem Jahr Freiheitsstrafe für das Absehen von Strafe wie die unbegrenzte Milderungsmöglichkeit nach § 49 StGB angebracht.

Das größte Manko der Vorschrift liegt darüber hinaus einerseits im Fehlen jeglicher rechtlichen prozessualen Regelung, wie dies etwa im AE-WGM vorgesehen ist, und im nicht vorhandenen tatsächlichen Unterbau der Konfliktregelungseinrichtungen. Es dürfte unstreitig sein, daß das gegenwärtige Strafverfahren schon aus Gründen der Überforderung der Justiz nicht der Ort ist, wo die diffizile Konfliktregelungsarbeit zu erfolgen hat. Entscheidend ist der Aufbau von entsprechenden Schiedsstellen mit qualifizierten Konfliktreglern. Natürlich kann auch die Gerichtshilfe gemäß ihrer von § 160 Abs. 3 StPO vorgegebenen Aufgabe bei der strafrechtlichen Mediation mitwirken.

## 7. Täter-Opfer-Ausgleich in der deutschen Strafrechtspraxis

Die bundesweite TOA-Statistik, die von der interuniversitären TOA-Forschungsgruppe der kriminologischen Institute Tübingen, Heidelberg, Konstanz und Marburg erhoben wird, liefert Daten und Informationen zur Fallbearbeitung in den TOA-Einrichtungen. Ausführlich wurden die Daten in einem Gutachten für das Bundesjustizministerium, das 1998 in dessen Reihe „Recht" veröffentlicht wird, analysiert. 1995 beteiligten sich 42 Projekte aus 11 Bundesländern, die 1813 Fälle regelten. In mehr als zwei Drittel der Verfahren wurden die Fälle von der Staatsanwaltschaft zugewiesen. In einem extrem breiten Spektrum von Straftaten überwiegen die Gewaltdelikte (Körperverletzungen) deutlich. 78 % der Opfer und 92 % der Beschuldigten waren zur Mitwirkung am TOA bereit. In 57 % der Fälle fand ein Gespräch mit einem Vermittler statt, in 19 % der Fälle kam es zu einer privaten Begegnung der Parteien. Ganz überwiegend wurden Ausgleichsvereinbarungen getroffen. Mit 84% der ausgleichsbereiten Beschuldigten wurde eine vollständige Regelung vereinbart, mit weiteren 4 % eine teilweise Regelung. Neben zahlreichen anderen individuellen Leistungen wurden mehrheitlich Entschuldigungen, gefolgt von Schadensersatz und Schmerzensgeld vereinbart.

Fast immer wurden diese Vereinbarungen auch erfüllt. Meistens wurde das Strafverfahren von der Staatsanwaltschaft nach erfolgreichem TOA eingestellt. Nach Ansicht der Justiz werden offenbar durch einen TOA die

Zwecke des Strafverfahrens erreicht. In den seltenen Fällen, in denen keine Einstellung stattfand, wurden neben dem TOA unterschiedliche strafrechtliche Sanktionen, bis hin zu Freiheitsstrafe ohne Bewährung verhängt. Negative Nebenwirkungen des TOA sind bisher nicht feststellbar. Zu ebensolchen Erkenntnissen führt die Analyse weiterer Untersuchungen einzelner TOA-Einrichtungen. Als Motivationsgründe für die Teilnahme an einem TOA zeigte sich bei den Opfern der Wunsch nach friedensstiftender Konfliktregelung, Skepsis gegenüber der Wirkung von Strafe, das Bedürfnis dem Täter die Meinung zu sagen, die Erlangung von Schadensersatz und vor allem bei jugendlichen Opfern der Wunsch, dem Täter eine Bestrafung zu ersparen. Bei den Tätern waren neben dem Wunsch nach Besserstellung im Strafverfahren, Schuldgefühle, Verständnis für das Opfer und das Bedürfnis, sich bei dem Opfer zu entschuldigen die Hauptmotive.[21] Mediation ist in der strafrechtlichen Praxis inzwischen also schon etabliert.

# 8. Schlußbemerkung

Am Ende läßt sich resümieren, daß TOA als kriminalpolitische Idee keine Eintagsfliege ist, straftheoretisch keine Bedenken bestehen, der Einbau in das Sanktionensystem widerspruchsfrei möglich ist, die konkrete Fallarbeit zufriedenstellende Ergebnisse liefert und die für die Rechtspflegeorgane entstehenden neuen Anforderungen zu bewältigen sind. Freilich fordert die besondere Qualität des TOA im Strafrecht jenseits von Resozialisierung oder Repression ein Umdenken von allen Beteiligten. Die Strafjustiz muß in diesem Zusammenhang dialogisches und kommunikatives Denken in den Strafprozeß aufnehmen, die Rechtsanwälte sollten ihre vermittelnde Kompetenz auf das Strafrecht erstrecken und die Sozialarbeiter müssen sich als neutrale Vermittler zwischen Opfer und Täter verstehen und dürfen nicht die Partei des Täters ergreifen.

Trotz aller Skepsis war bisher fast jeder, der als Opfer, Täter, Rechtsanwalt, Staatsanwalt, Richter oder Sozialarbeiter daran mitgewirkt hat, letztlich auch bei einzelnen Enttäuschungen von der menschlichen Qualität der Arbeit angetan. Die Beteiligten spüren schnell, daß die strafrechtliche Reaktion durch den TOA im Interesse des Individuums erfolgt, jedenfalls mehr als einer abstrakten Ordnung zuliebe, daß es um das Opfer und sein Leiden geht, jedenfalls mehr als bisher, und daß sie

......................

21 *Rössner, Bannenberg,* Empirische Ergebnisse zum Täter-Opfer-Ausgleich, in: Kaiser, Jehle (Hrsg.) Kriminologische Opferforschung, Teilband I, Heidelberg 1994, S. 65 ff.

auf die Wiederherstellung des Rechtsfriedens zielt – jedenfalls mehr als auf die Verwirklichung eines Strafanspruchs.[22] Dies sind Bedürfnisse, die nach repräsentativen Untersuchungen auch von der Bevölkerung im Strafrecht eingefordert werden und denen sich jeder Beteiligte verpflichtet fühlen sollte.

.........................

22 *Schüler-Springorum*, Kriminalpolitik für Menschen, Frankfurt 1991.

# Mediation im Familienrecht

REINER BASTINE/BIRGIT WEINMANN-LUTZ

# Qualitätssicherung und Evaluation der Trennungs- und Scheidungsmediation: Das Heidelberger Dokumentationssystem DoSys[1]

## 1. Zusammenfassung

Um die Güte der Trennungs- und Scheidungsmediation zu gewährleisten, ist die Qualitätssicherung ein zentrales Anliegen der beteiligten Professionen. Darüber hinaus ist die hohe Qualität des Angebots ein wichtiges Argument für das Etablieren dieses neuen Verfahrens der außergerichtlichen Regelung familiärer Konflikte. Sie läßt sich auf Dauer erhalten durch die laufende Kontrolle der angebotenen Dienstleistung im Sinne einer „kontrollierten Praxis", die wissenschaftlich bewährte Methoden der Dokumentation und der verfahrensbegleitenden Evaluation nutzt. Ein in der Praxis der Trennungs- und Scheidungsmediation inzwischen weit verbreitetes und in der wissenschaftlichen Begleitforschung eingesetztes Instrument ist das Heidelberger Dokumentationssystem, DoSys. Das System besteht aus sieben Befragungsbögen, mit denen Informationen zu unterschiedlichen Zeitpunkten der Trennungs- und Scheidungsmediation (zu deren Beginn, verfahrensbegleitend nach jeder Sitzung, zum Abschluß der Mediation und ein Jahr nach Abschluß) sowie aus den unterschiedlichen Perspektiven der Beteiligten (Klientin und Klient; MediatorIn und gegebenenfalls Co-MediatorIn) erhoben werden. Bei der Entwicklung des Dokumentationssystems wurde auf Ökonomie und leichte Handhabbarkeit größter Wert gelegt. Das vorliegende Instrumentarium wurde einer mehrjährigen Praxiserprobung unterzogen und in der noch laufenden landesweiten Begleitforschung zur Familienmediation in Baden-Württemberg eingesetzt.

...........................

1 Das Dokumentationssystem wurde im Rahmen eines umfassenden Forschungsvorhabens entwickelt, das im Auftrag des Ministeriums für Familie, Frauen, Weiterbildung und Kunst Baden-Württemberg (heute: Sozialministerium Baden-Württemberg) von den Autoren durchgeführt wurde. Die Fragebögen des Dokumentationssystems DoSys liegen dem Buch bei.

## 2. Einleitung

Eine entscheidende Voraussetzung für die Qualitätssicherung und Evaluation der praktischen Anwendung von Verfahren ist, daß geeignete Methoden zur Verfügung stehen, um die wesentlichen Merkmale und Kriterien des Verfahrens zu erfassen. Damit erhalten die Beteiligten – „Anwender", „Verbraucher" und gegebenenfalls auch Außenstehende – die Möglichkeit, sich ein Urteil über die sachgerechte Durchführung des Verfahrens zu bilden (kontrollierte Praxis) und schließlich Aussagen über die Effektivität und Effizenz eines Verfahrens zu treffen (Evaluation). Die wichtigste Zielsetzung solcher Instrumente liegt zunächst in der genauen Dokumentation der entscheidenden Bedingungen, Prozesse und Ergebnisse der Anwendung des Verfahrens in der Praxis. Darüber hinaus erlauben die erhobenen Daten den Handelnden ein fortlaufendes Monitoring des Verlaufs, um rechtzeitig Entscheidungen über das weitere Vorgehen treffen zu können (Prozeßsteuerung). Schließlich liefert das praxisbegleitende Dokumentationssystem auch die Grundlage für die Ergebnisbewertung, aus der Schlußfolgerungen über den Erfolg und die längerfristige Effizienz des Praxisangebots gezogen werden können. Im weiteren kann dies dann im Rahmen der Begleitforschung zu einer umfassenden Evaluation des angewendeten Verfahrens führen.

In der Trennungs- und Scheidungsmediation sind dabei vor allem Informationen über die Eingangsbedingungen der Mediationsklienten, die Zielsetzungen der Mediation (z. B. welche Themen sollen geregelt werden?) sowie Informationen über Prozesse, Ablauf und Ergebnisse zu dokumentieren. Außerordentlich wichtig ist die Berücksichtigung der verschiedenen Perspektiven der Beteiligten, vor allem die Beurteilungen beider Konfliktpartner der Mediation, der MediatorIn und gegebenenfalls der Co-MediatorIn. Idealerweise kann die Datenerhebung von vornherein schon so geplant werden, daß spätere Nachuntersuchungen *(Katamnese oder follow-up)* möglich sind. Dokumentationssysteme werden von der Praxis allerdings nur dann akzeptiert, wenn die erfaßten Inhalte und der erforderliche Aufwand in einem vernünftigen Verhältnis zueinander stehen.

Mit dem *Dokumentationsystem* DoSYS wurde ein spezielles Instrumentarium für die Trennungs- und Scheidungsmediation geschaffen, das diesen Anforderungen genügt. Dieses System kann in allen Einrichtungen, die Mediation bei Trennung und Scheidung anbieten, problemlos eingesetzt werden. Seine Anwendung kann ganz unterschiedlichen Aufgaben in der Mediationspraxis dienen, u. a.:

- Erheben der Basisdaten der Klienten bei der Anmeldung zur Mediation,
- Vor- und Nachbereitung einzelner Mediationssitzungen,
- Dokumentation und Aktenführung,
- zur Praxiskontrolle in der Ausbildung als MediatorIn,
- zur Vorbereitung für Fallbesprechungen und Supervision,
- als Grundlage für die statistische Dokumentation der Mediationstätigkeit in Institutionen,
- zum Nachweis von Verläufen sowie
- zur statistischen Auswertung spezieller Fragestellungen.

## 3. Konzeption und Erprobung des Dokumentationssystems

Bei der Entwicklung des Dokumentationssystems wurde zunächst davon ausgegangen, daß es in den genannten Bereichen angewendet werden kann. Gleichzeitig wurde darauf geachtet, daß bei der Konzeption die folgenden Kriterien berücksichtigt wurden:

- Das wichtigste Kriterium bestand darin, daß ein **verfahrensbegleitendes System** konzipiert werden sollte, das es erlaubt, den gesamten Ablauf der Mediation von Anfang bis Ende zu dokumentieren. Dazu gehören also zunächst das Erfassen der Lebensbedingungen der Klienten und ihrer Zielvorstellungen bezüglich der Mediation zu deren Beginn. Da diese Informationen am Anfang der Mediation selten vollständig vorliegen, müssen Gelegenheiten vorgesehen werden, sie später zu ergänzen. Ein weiterer wichtiger Aspekt sind die Informationen über den Verlauf des Verfahrens, wobei wir uns in Anlehnung an die psychotherapeutische Prozeßforschung für Erhebungen nach jeder einzelnen Sitzung entschieden. Schließlich erfolgt eine ausführliche Bewertung zum Abschluß des Verfahrens, die sowohl eine Beurteilung des zum Zeitpunkt der Beendigung erreichten Status (hinsichtlich der erreichten Ziele und der Zufriedenheit mit dem Abschluß) wie eine Gesamtbewertung des Verfahrens als solches einschließt.
- Die **Einbeziehung unterschiedlicher Datenquellen** ist ein weiteres zentrales Kriterium: Es sollen sowohl Einschätzungen aus Sicht der Mediatoren als auch aus Sicht der Klienten (getrennt für Frau und Mann) erhoben werden (Multiperspektivität des Systems). Neben dem offensichtlichen Argument, daß schließlich die Klienten selbst die Nützlichkeit der Mediation insgesamt am besten beurteilen können, stellt die Rückmeldung der Klienten über jede einzelne Sitzung auch einen unmittelbaren Informationsgewinn für die Mediatoren dar, der für die Gestaltung der

folgenden Sitzung(en) genutzt werden kann. Insofern dienen diese Informationen der Vor- und Nachbereitung einzelner Sitzungen sowie der Planung des weiteren Vorgehens.

• Ein wichtiger Aspekt einer kontrollierten Praxis ist die **Rückmeldung durch Informationen über den weiteren Verlauf nach Abschluß** der Trennungs- und Scheidungsmediation – erst aus der längerfristigen Nachschau läßt sich überhaupt angemessen beurteilen, inwieweit die Mediation nachhaltige Auswirkungen gehabt hat. Deshalb sieht das System von vorneherein eine *Nachbefragung (Katamnese oder follow-up)* vor. Dieser Nachbefragungsbogen soll etwa 12 bis 15 Monate nach der Beendigung getrennt an beide Konfliktpartner versandt werden, um die weitere Entwicklung des Paares und der Familie zu dokumentieren.

• Um relevante Merkmale der Trennungs- und Scheidungsmediation zu erfassen, wurden die **vorliegenden Forschungsergebnisse** berücksichtigt, insbesondere aus der *Scheidungsforschung,* der *Verhandlungsforschung* sowie der *Prozeß- und Erfolgsforschung zur Familienmediation.*[2]

• Da das Dokumentationssystem in unterschiedlichen Einrichtungen eingesetzt werden soll, sind besondere Anforderungen an die **Bandbreite der zu dokumentierenden Daten** zu stellen: Nicht nur die Besonderheiten des jeweiligen Falles (die wegen der Heterogenität der in der Trennungs- und Scheidungsmediation zu regelnden Fälle allgemein eine wichtige Rolle spielen), sondern auch die Unterschiedlichkeit der Einrichtungen müssen berücksichtigt werden. So muß also einerseits ein fester Bestand von Basisdaten erfaßt werden, andererseits aber genügend Spielraum vorhanden sein, um unabhängig von der Spezifität des Falls und der Mediationseinrichtung (z. B. in anwaltlichen und psychologischen Praxiseinrichtungen) eingesetzt werden zu können.

• Da das System auch von Personen genutzt werden soll, die im Umgang mit Methoden der wissenschaftlichen Dokumentation und Begleitforschung ungeübt sind, muß es weitgehend **selbsterklärend, übersichtlich, mit geringem Zeitaufwand** und **leicht zu handhaben** sein.

• Weitere angestrebte Einsatzbereiche des Systems liegen in der Nutzung durch die MediatiorIn, insbesondere für die Vor- und Nachbereitung ein-

2 *Bastine/Link/Lörch*, Bedeutung, Evaluation, Indikation und Rahmenbedingungen von Scheidungsmediation, in: Duss-von-Werdt/Mähler/Mähler (Hrsg.), Mediation: Die andere Scheidung, Stuttgart 1995, S. 186–204; *Emery*, Renegotiating family relationships: Divorce, child custody, and mediation, New York 1994; *Irving/Benjamin*, Family mediation: Contemporary issues. Thousand Oaks 1995.

zelner Sitzungen, der Praxiskontrolle während der Ausbildung und der praxisbegleitenden Supervision der mediativen Tätigkeit. Dafür ist die **Abbildung von Mediationsverläufen** erforderlich, um Blockaden, Brüche oder ein Stagnieren im Verlauf erkennen und anschließend rechtzeitig Maßnahmen ergreifen zu können, die z. B. ein Abbrechen der Mediation vermeiden.

• Mit den erhobenen Daten soll weiterhin die **wissenschaftliche Begleitforschung** über das Verfahren unterstützt werden. Dabei interessieren unter anderem Fragen der Auswahl geeigneter Klienten für die Mediation *(Indikation)*, der *Prognose* von besonders erfolgreichen oder erfolglosen Verläufen und schließlich die *unmittelbare und langfristige Ergebnisbewertung* der Mediation, eventuell im Vergleich mit dem herkömmlichen gerichtlichen Verfahren.

Bei der Konzeption und Erprobung des Systems konnte glücklicherweise auf amerikanische Untersuchungen zur Familien- und Scheidungsmediation zurückgegriffen werden (s. o.). Außerdem wurden methodische Ansätze genutzt, die sich bei der Praxisevaluation in anderen Bereichen bewährt haben, z. B. in der Psychotherapie. Schließlich wuren verschiedene Vorformen des Dokumentationssystems über mehrere Jahre in der praktischen Durchführung von Trennungs- und Scheidungsmediation der *Praxis- und Forschungsstelle für Psychotherapie und Beratung (PFPB)* am Psychologischen Institut der Universität Heidelberg erprobt, wobei wir mit der jetzt vorliegenden Form insgesamt eine sehr hohe Akzeptanz bei den Anwendern erreichen konnten.

# 4. Der Aufbau von DoSys – ein praxisnahes Dokumentationssystem

Die praxisnahe Dokumentation der Trennungs- und Scheidungsmediation DoSys umfaßt ein System von insgesamt sieben Fragebögen, die bei Klienten und Mediatoren zu bestimmten Zeitpunkten einzusetzen sind (im Überblick vgl. Tabelle 1). Für jede einzelne Erhebung ist der Zeitaufwand sehr gering. Für die Mediatoren führt die Anwendung des Verfahren zu Erleichterungen, da damit die vergangene Sitzung strukturiert und die kommende Mediationssitzung vorbereitet wird.

Tabelle 1: System zur Dokumentation und Evaluation von Trennungs- und Scheidungsmediation (DoSys): Erhebungsinstrumente im Überblick

| Zeitpunkt | Klientin & Klient (getrennt auszufüllen) | MediatorIn | Co-MediatorIn (nur bei CoMediationen) |
|---|---|---|---|
| Vor der ersten Sitzung | **KA** Klienten-Anmeldebogen | | |
| nach *jeder* Sitzung | **KS** Klienten-Sitzungsbogen | **MS** Mediatoren-Sitzungsbogen | **ME** Mediatoren-Ergänzungsbogen (nur für Co-Mediatoren) |
| Unmittelbar nach Abschluß | **K1** Klienten-1. Abschlußbogen | **MA** Mediatoren-Abschlußbogen | [**MA** Mediatoren-Abschlußbogen (im Falle von Co-Mediation auch durch Co-Mediator auszufüllen)] |
| 12 bis 15 Monate nach Abschluß | **K2** Klienten-2. Abschlußbogen | | |

Damit werden aus der **Perspektive der Klientinnen und Klienten** folgende Fragebögen zu verschiedenen Zeitpunkten (zu Beginn der Mediation, nach jeder Sitzung, zum Abschluß und nach einem Jahr) erhoben:

- Zu Beginn der Mediation (vor der ersten, spätestens aber nach der ersten Sitzung) wird ein *Anmeldebogen* vorgelegt, mit dem persönliche und soziodemographische Daten, Daten zur aktuellen Paarsituation und zu den beabsichtigten Inhalten der Mediation abgefragt werden. Die Angaben der Partner dienen den Mediatoren zur Vorbereitung der ersten Sitzung.
- Nach jeder Sitzung wird ein kurzer *Sitzungsbogen für Klienten,* der nur aus fünf Fragen besteht, ausgefüllt. Hier wird vor allem nach der Nützlichkeit der vorangehenden Sitzung oder bestimmter Vorgehensweisen in der Mediation gefragt.
- Nach Beendigung der Mediation wird ein *Abschlußbogen* erhoben. Die Paare werden über ihre Zufriedenheit mit Verlauf und Ergebnis der Mediation, zur Arbeit der Mediatoren, zu ihren Erwartungen hinsichtlich der Stabilität der erreichten Vereinbarungen sowie zu den Auswirkungen auf die Konflikthaftigkeit der Beziehung zu ihrem ehemaligen Partner und auf die gegenseitige Kooperation befragt.
- Schließlich steht ein *Nachbefragungsbogen* zur Verfügung, um die längerfristigen Auswirkungen der Mediation nach 12 bis 15 Monaten zu erfassen.

Aus der **Perspektive der Mediatorinnen und Mediatoren** werden folgende
Instrumente zu drei unterschiedlichen Zeitpunkten erhoben:

- Nach jeder Sitzung füllen die Mediatoren einen *Sitzungsbogen für Mediatorinnen und Mediatoren* aus. Vom Aufbau her ermöglicht dieser die
schnelle Erstellung eines übersichtlichen Protokolls zur Sitzung; außerdem werden Einschätzungen zum Verhalten jedes Klienten während der
Sitzung und zur Interaktion zwischen den Klienten erhoben. Dabei werden drei Datentypen unterschieden:
(1) Es werden neue, ergänzende Informationen zur *Situation bei Mediationsbeginn,* also „statische" Daten zur Situation des Ehepaars, erfaßt, die
erst im Verlauf der Mediation bekannt wurden (z. B. Daten zur Paargeschichte, zur finanziellen Situation, zu bereits unternommenen juristischen Schritten, zu vorherigen oder gleichzeitigen einzel- oder paartherapeutischen Behandlungen, zu vorherigen Ehen).
(2) Zweitens werden Informationen über *Veränderungen während des Mediationsverlaufs* dokumentiert (Veränderung der Wohnsituation, der finanziellen Verhältnisse oder Veränderungen durch anwaltliche oder gerichtliche Tätigkeit).
(3) Weiterhin erfaßt der Bogen Informationen zu *Verlauf und Besonderheiten der jeweiligen Mediationssitzung* (Konfliktbelastung in der Sitzung,
Verhandlungsverhalten der Beteiligten, Art der Intervention der Mediatoren, Ergebnis der einzelnen Sitzung). Erfaßt werden auch Vorschläge
und Pläne zum nächsten Termin.
- Bei Co-Mediation füllt der Co-Mediator unabhängig einen *Ergänzungs-Sitzungsbogen* aus; diese Angaben dienen der Ermittlung unterschiedlicher
oder konkordanter Einschätzungen der beide Mediatoren.
- Nach Beendigung der Mediation wird ein *Abschlußbogen für Mediatorinnen und Mediatoren* bearbeitet. Hier werden Zahl und Art der getroffenen
Vereinbarungen sowie die Einschätzung des Erfolges und der Dauerhaftigkeit der Ergebnisse erhoben.

# 5. Ausblick

Bei einem relativ jungen interdisziplinären Ansatz wie dem der Mediation
ist es besonders notwendig, Methoden zu entwickeln, die eine fundierte Dokumentation und Evaluation der praktischen Anwendung dieses Verfahrens ermöglichen. Dadurch wird nicht nur eine Grundlage für die ebenso
unumgängliche wissenschaftliche Begleitforschung gelegt, sondern bereits

in deren Vorfeld der Weg für die strukturierte Verarbeitung von Praxiserfahrungen bereitet. Die daraus gewonnenen Erkentnisse sollten einen wichtigen Schritt in Richtung auf die Beantwortung zentraler Fragen darstellen – wo, wie und für wen Mediation ein geeignetes und effizientes Verfahren ist. Im Rahmen einer Begleitforschung zur Evaluation der Familienmediation bei Familien in Trennung und Scheidung, die wir im Auftrag des Sozialministeriums Baden-Württembergs durchführen, wird das Dokumentationssystem DoSys gegenwärtig eingesetzt, um weitere Antworten hinsichtlich der Bewährung der Trenungs- und Scheidungs-Mediation zu gewinnen.[3]

---

3 *Bastine/Weinmann-Lutz/Wetzel*, Unterstützung von Familien in Scheidung durch Familien-Mediation, 1998 (Abschlußbericht; in Vorbereitung).

ROLAND PROKSCH

# Mediation (Vermittlung) in Familiensachen – Möglichkeiten und Grenzen –

dargestellt an ausgewählten Ergebnissen zweier Praxisprojekte 1991/1997
in Erlangen und Jena

Scheidung und Trennung gehören zu den alltäglichen Lebenserfahrungen von Eltern und Kindern. Bei Trennung und Scheidung sind Eltern gefordert, ihre nachehelichen Beziehungen als Eltern neu zu organisieren. Das klassisch-juristische Streitregelungsverfahren verschärft das Streitverhalten der Eltern und behindert solche Entwicklungen. Erforderlich sind deshalb Konfliktregelungsmöglichkeiten, die die Kommunikations- und Kooperationsfähigkeit von Eltern fördern helfen. Solche Verfahren sind Vermittlungsverfahren. Am Beispiel der ersten Praxiskonzepte in Deutschland werden die positiven Effekte von Vermittlung (Mediation) aufgezeigt. Die Erfahrungen zeigen, daß auch in Deutschland Vermittlung im Rahmen der jugendhilferechtlichen Mitwirkung erfolgreich eingesetzt werden kann. Deshalb ist es erforderlich, in einem neuen Kindschaftsrecht Vermittlung (Mediation) als außergerichtliche Konfliktregelungsmöglichkeit von Jugendämtern für Eltern fest vorzuschreiben.

## 1. Das juristische Streitregelungsverfahren – nur eine zweitbeste Alternative

Familiäre Konflikte wie auch Scheidung und Trennung gehören zu den alltäglichen Lebenserfahrungen für Kinder und deren Eltern. Partnerschaftskonflikte, Streitigkeiten zwischen Eltern und ihren Kindern, die immer häufiger auch im Rahmen von „Inobhutnahmen" gemäß § 42 SGB VIII zu regeln sind, fordern die Kräfte aller Betroffenen heraus. Insbesondere Scheidung ist Teil der Normalbiographie von Menschen in Nordamerika, in Mittel- und Nordeuropa und natürlich auch in Deutschland geworden, wie die Eheschließung selbst. Trennung und Scheidung als letzter Ausweg aus einer nicht mehr befriedigenden bzw. – juristisch gewendet – einer zerrütteten Ehe/Partnerschaft werden immer häufiger zur Beendigung einer Ehebeziehung benutzt. Die Zahl der Eheschließungen ist in Deutschland zwischen 1960 und 1996 kontinuierlich und deutlich zurückgegangen – von 521 445 auf 372 500 in den alten Bundesländern und von 176 583 auf 54 000 in den neuen.[1] Demgegenüber erreichen Scheidung und Trennung Höchstmarken: Die Zahl der Scheidungen stieg zwischen 1960 und 1996 von 48 874 auf 175 550.[2] Mangelhafte familiale Konflikt- und Streitregelung wie insbesondere bei destruktivem Scheidungs- und Trennungsstreit signalisieren Defizite in der elterlichen Kooperation und Kommunikation. Darunter leiden vor allem die Kinder.

Für Eltern ist das gerichtliche Streitentscheidungsverfahren oft die – unzulängliche – Fortsetzung des elterlichen Ehekampfes mit juristischen Mitteln. Mit der Beauftragung eines Rechtsexperten (Rechtsanwaltes) wird eine gerichtliche Streitentscheidung zu erzwingen versucht, von der die Problemlösung erwartet wird. Deshalb fühlen die Eltern zunächst auch die erwünschte – und willkommene – Erleichterung am Ende ihres Erstgesprächs mit „ihrem" Rechtsanwalt, wenn die entsprechende Prozeßvollmacht unterschrieben ist. Nun – so glauben oder hoffen sie – können sie sich zurücklehnen und abwarten, bis das Gericht aufgrund der „überzeugenden" Argumentation des Rechtsanwaltes im Sinne ihres Antrages entscheiden und den Konflikt zu ihren Gunsten lösen wird.

Das klassisch-juristische Streitregelungsverfahren begünstigt die Fortsetzung eines gegnerschaftlichen, kommunikationsarmen Konfliktregelungsmusters, anstatt die notwendigen elterlichen kooperativen Kommunikationsstrukturen herzustellen bzw. zu fördern. Es verschärft die „Sprachlosigkeit" der Eltern zu einem Zeitpunkt, zu dem eine kooperative Kommunikation der Eltern mindestens im Interesse ihrer Kinder notwendig ist. Forschungsergebnisse zeigen nämlich auf, daß das kommunikative Austragen von Konflikten zwischen Eltern beziehungsstabilisierend wirkt und Eltern wie Kinder entlasten hilft.[3]

1 Stat. Bundesamt, FamRZ 1997, S. 411ff.
2 Stat. Bundesamt, FamRZ 1997, S. 1065.
3 *Napp-Peters*, Scheidungsfamilien. Interaktionsmuster und kindliche Entwicklung. Aus Tagebüchern und Interviews mit Vätern und Müttern nach Scheidung. Arbeitshilfen, hrsg. vom Deutschen Verein für öffentliche und private Fürsorge, Heft 37, Frankfurt/M. 1988, S. 15ff.; *Nave-Herz*, Verursachende Bedingungen für den zeitgeschichtlichen Anstieg der Ehescheidungen – ausgewählte Ergebnisse eines empirischen Forschungsprojekts, in: Familie und Recht 1991, S. 322; *Proksch*, Schlußbericht. Strukturanalyse der Rechtspflege. Untersuchungen über mögliche Entwicklungen im Zusammenspiel von außer- und innergerichtlichen Konfliktregelungen. Weiterführung des Forschungsprojektes durch eine Pilotstudie zur Praxiserprobung von Vermittlung (Mediation) in streitigen Familiensachen, Nürnberg 1991.

Die existentielle Bedeutung von eigenständigen, befriedenden Konfliktregelungsstrategien für familiale Konflikte als Alternativen zum klassisch-gerichtlichen Entscheidungsprozeß zeigt sich daher besonders deutlich in sozialwissenschaftlichen Forschungsergebnissen zu Trennung und Scheidung. Sie zeigen, daß Kinder die Scheidung ihrer Eltern um so eher ohne Störung verarbeiten und sich um so schneller an die Nachscheidungssituation anpassen können, je besser ihre Eltern selbst nach der Scheidung miteinander kooperieren und Entscheidungen einvernehmlich treffen.[4] Unabhängig von konkreten Inhalten einzelner getroffener Streitregelungen im familiengerichtlichen Verfahren scheint für die Minimierung kindlicher Störungen und somit für das „Wohl des Kindes" ausschlaggebend zu sein, daß beide Eltern ihre elterliche Beziehung gemeinsam zufriedenstellend gestalten und gemeinsam am Leben ihrer Kinder (weiterhin) teilnehmen sowie sich für deren Bedürfnisse gemeinsam verantwortlich fühlen. Dies wird jedoch durch das grundsätzlich gegnerschaftlich geführte justitielle Streitverfahren erheblich erschwert. Der Wunsch nach einer richterlichen Entscheidung fördert gegnerschaftliche Verhaltensweisen der Eltern. Damit wird die Einübung von (neuen) Kooperations- und Kommunikationstechniken der Eltern zur Förderung ihrer nachehelichen, familiären Reorganisationen während des familiengerichtlichen Entscheidungsverfahrens gestört bzw. verhindert.

Die Unterstützung von Eltern in streitigen Familiensachen darf sich deshalb weder auf die juristisch gegnerschaftlich dominierte, einseitige Bestimmung des „recht habenden" Elternteils richten noch vorrangig Beratungs- oder Therapieangebote an einzelne Eltern vorsehen. Es geht nämlich grundsätzlich nicht um Fragen von „Recht haben" oder „Recht erhalten" . Ebensowenig soll ein konkretes Problemfeld durch „psychologische oder sozialpädagogische Beratung" bearbeitet und bewältigt bzw. sollen gefühlsmäßige Störungen im Verhalten, unter denen ein Elternteil leidet, durch therapeutische Angebote gemildert oder behoben werden.[5] Vielmehr geht es um die Erarbeitung einvernehmlicher Regelungen über konkrete Streitfragen zur Gestaltung der elterlichen Verantwortung im Verhältnis zueinander und zu ihren Kindern von den Eltern selbst. Hierfür muß die Einübung oder Förderung kooperativer Kommunikationsmuster im Vordergrund stehen.

........................

4 *Napp-Peters*, a. a. O., S. 15, 43.
5 *Balloff*, Grenzen des Beibehalts der gemeinsamen elterlichen Verantwortung nach Trennung und/oder Scheidung, in: Faltermeyer/Fuchs (Hrsg.), Trennungs- und Scheidungsberatung durch die Jugendhilfe: Klärung der Rolle und Aufgaben öffentlicher und freier Jugendhilfe, S. 29.

Zweifel an der Fähigkeit zur Gemeinsamkeit von „streitenden" Eltern, vor allem nach einer gescheiterten Partnerschaft oder Ehe, mögen grundsätzlich verständlich sein. Sie sind jedoch nicht begründet. Aus realistischer Alltagssicht, vor allem aber aus Sicht (minderjähriger) Kinder, kommen Eltern auch gar nicht umhin, zur Wahrnehmung ihrer ihnen zuvörderst obliegenden elterlichen Gesamtverantwortung für ihre gemeinsamen Kinder (Art. 6. Abs. 2 GG, § 1 Abs. 2 SGB VIII) kooperative Kommunikationsbeziehungen zu entwickeln und zu pflegen, wollen sie nicht ihre eigene „Erziehungshoheit" mit entsprechenden rechtlichen Konsequenzen aufs Spiel setzen.

Es geht also zur Bewältigung von Konflikten und von Streitsituationen um die Erhaltung bzw. Einübung und Förderung kompetenter (erwachsenenhafter), im Alltag einzusetzender Streit- und Konfliktregelungsmuster von Eltern. Insoweit sind hierfür Beratung oder Therapie allenfalls flankierend gefragt als Interventionen, die die Kommunikation hemmenden Beziehungsblockaden auflösen oder kompensieren helfen können.

Vornehmlich geht es um „vermittelnde" Interventionen mit dem Ziel, die Verantwortung der Eltern als Vater und Mutter zu stärken und Eltern im Gespräch möglichst zu befriedenden, einvernehmlichen, elterlichen Beziehungsregeln zu führen.

## 2. Konsensuale, kooperative Vermittlungsverfahren – notwendige Hilfen zur Selbsthilfe

Der zunehmende Wunsch von betroffenen Eltern, ihre familiären Konflikte, insbesondere ihre Konflikte im Rahmen von Trennung und Scheidung eigenverantwortlich und einvernehmlich selbst zu regeln, führte zur Entwicklung und zum Einsatz von „Familienmediation".[6]

Familienmediation zielt auf die Sicherung und Förderung elterlicher Kommunikations- und Kooperationskompetenz. Sie löst die verfassungs-, familien-, jugendhilfe- und prozeßrechtlichen Vorgaben (Art. 6 Abs. 2 GG, § 52 FGG, § 279 ZPO, § 17 SGB VIII) für einvernehmliche Regelungen familienbezogener Streitigkeiten ein. „Familienmediation" in diesem Sinne ist die Aktivität eines Vermittlers, die Konfliktverhandlungen der Eheleute/Eltern zu katalysieren, zu lenken und zu fördern. In einem strukturierten Kommunikations- und Kooperationsprozeß arbeiten die in Konflikt ge-

---

6 *Breidenbach*, Mediation – Struktur, Chancen und Risiken von Vermittlung im Konflikt, Köln 1995, S. 259 ff.

ratenen Personen an einer eigenverantwortlichen und einvernehmlichen Konfliktlösung, die ihren subjektiven Bedürfnissen und Interessen gerecht werden kann. Der Vermittlungserfolg hängt weitgehend davon ab, ob die Parteien davon überzeugt werden können, daß der ihnen aus einer eigenverantwortlichen Einigung erwachsene Vorteil größer ist als die gegnerschaftliche Durchsetzung von Normen. Im Gegensatz zum Justizverfahren ist bei „Vermittlung" nicht eine retrospektive Fakten- und Normenanalyse erheblich. Es geht vielmehr um die (Wieder-)Herstellung der durch den Streit unterbrochenen Kooperation und Kommunikation und um die Erarbeitung einer zukunftsorientierten und die subjektiven Interessen jeweils fair und gleichwertig ausgleichenden eigenverantwortlichen, einvernehmlichen und grundsätzlich selbständigen Konflikt- und Streitregelung der Eltern.[7]

Eine weitere wesentliche Aufgabe von Familienmediation ist es, die Ehepartner/Eltern für die Unterscheidung ihrer (beendeten) Paarbeziehung und ihrer (fortwährenden) Elternbeziehung zu sensibilisieren und ihnen zu helfen, ihre Beziehungen zu klären. Sie soll die Eltern außerdem bei der Entwicklung neuer Verhaltens- und Bewertungsmuster unterstützen, die ihnen eine kommunikative Zusammenarbeit in der fortbestehenden Elternschaft ermöglichen bzw. sie zu einer gelungenen Reorganisation ihrer nachehelichen Beziehung befähigen. Da Familienmediation grundsätzlich im privaten, freiwilligen und vertraulichen Rahmen durchgeführt wird, können die Betroffenen ihre Streitpunkte offen diskutieren, ohne deswegen Nachteile oder gar die Ausnutzung „schwacher" Positionen fürchten zu müssen. Indem die Beteiligten ihre eigenen, gemeinsamen Lösungen erarbeiten, investieren sie emotional auch in den zukünftigen Erfolg dieser Vereinbarungen. Dies erklärt, warum solche Vereinbarungen auch langfristig eher eingehalten werden als gerichtliche Entscheidungen oder Vergleiche.

## 3. Prinzipien und Ablauf von Familienmediation

Familienmediation bezieht sich allgemein auf die Regelung von familiären Konflikten in ehelichen, nichtehelichen und nachehelichen Beziehungen, in denen interessenbezogene Regelungen angestrebt werden. Die Inhalte

7 *Proksch*, Konfliktmanagement durch Vermittlungsverfahren (Mediation) – ein kooperatives Interventionsmodell in der sozialen Arbeit, in: Nachrichtendienst des Deutschen Vereins für öffentliche und private Fürsorge, 1990, S. 23.

werden von den Beteiligten festgelegt. In Trennung und/oder Scheidung befaßt sie sich hauptsächlich mit der Gestaltung der mit der Trennung und/oder Scheidung zusammenhängenden Folgen, insbesondere im Hinblick auf die elterliche Verantwortung für die gemeinschaftlichen Kinder, auf Kindes- und Ehegattenunterhalt, Wohnungs- und Hausratsaufteilung und Vermögensausgleich.

Familienmediation orientiert sich an den Prinzipien der Freiwilligkeit, Neutralität und Allparteilichkeit, Eigenverantwortlichkeit, Vertraulichkeit, Offenheit, Informiertheit und Gewaltfreiheit.

Familienmediation wird als in sich strukturierter, mehrstufiger Prozeß durchgeführt, der von einer einführenden Orientierung zur Struktur- und Vertrauensbildung über die Konfliktkommunikation zwischen den Parteien hin zu Erarbeitung und zum Vollzug gemeinschaftlicher Konfliktregelungen führt. Im einzelnen können folgende Stufen unterschieden werden:

- Einführung von Strukturen und Schaffung von Vertrauen,
- Darstellen von Tatsachen, Fakten, Hintergründen,
- Erarbeitung von Streitfragen,
- Erarbeitung von Optionen und Alternativen,
- Verhandlung und Entscheidung,
- Festhalten der erzielten Vereinbarungen,
- rechtliche Überprüfung, Verfahrensbeendigung,
- Vollzug der Vereinbarung, Überprüfung und Veränderung.[8]

Für Kinder führt Vermittlung zu einer deutlichen Entlastung. Sie erfahren, daß ihre Eltern trotz ihrer Streitigkeiten und ihrer Konflikte weiter miteinander arbeiten und bestrebt sind, eine für Eltern und Kinder gleichermaßen gute, akzeptierte und praktikable Regelung zu finden. Kinder erfahren dabei auch, daß die Konflikte und Streitigkeiten ihrer Eltern nicht von ihnen verschuldet sind und, was ganz wichtig ist, daß eine Trennung oder Scheidung ihrer Eltern nichts an der elterlichen Liebe, Verantwortung und Pflichtenstellung ihnen (den Kindern) gegenüber ändern wird. Eltern erfahren ebenfalls deutliche Entlastung, wenn es ihnen gelingt, ihre Streitbeziehung konstruktiv und befriedigend zu bewältigen.

---

8 *Proksch*, Divorce Mediation (Scheidungsfolgenvermittlung), in: Faltermeyer/Fuchs, Trennungs- und Scheidungsberatung durch die Jugendhilfe: Klärung der Rolle und Aufgaben öffentlicher und freier Träger, Frankfurt/M. 1992, S. 155ff.

# 4. Praxiserfahrungen mit Familienmediation

Familienmediation als alternative Konfliktregelungsmöglichkeit hat eine lange geschichtliche Tradition.[9] Sie gehört jedoch noch immer nicht zum etablierten Angebot in Deutschland. Demgegenüber gibt es in den Vereinigten Staaten von Amerika bereits seit Jahren eine Vielzahl von Ansätzen, kooperative Scheidungs- und Trennungsinterventionen überwiegend als Vermittlung (Mediation) in familiengerichtlichen Verfahren durchzuführen. Vermittlungsverfahren sind in den USA in familienrechtlichen Streitigkeiten ein unentbehrliches Instrumentarium zur Konfliktsteuerung geworden.[10] Praxiserfahrungen in den USA zeigen die hohe Wirksamkeit von Vermittlung, die von Eltern, Richterinnen und Richtern sowie von Rechtsanwältinnen und Rechtsanwälten begrüßt wird.

In der Bundesrepublik Deutschland wurde Familienmediation erstmals auf dem Dritten Arnoldshainer Familiengerichtstag 1988 einer breiten (Fach-)Öffentlichkeit vorgestellt.[11] Die Fachtagung „Wohl des Kindes. Systemische Konfliktlösungen im Scheidungsverfahren" des Instituts für Soziale und Kulturelle Arbeit Nürnberg – ISKA –, die am 20. September 1989 in Nürnberg mit über 400 teilnehmenden Fachleuten aus allen Scheidungsprofessionen stattfand, war ein weiterer wichtiger Schritt zur Einführung von Vermittlung in Deutschland.[12]

## 4.1 Pilotprojekt am Stadtjugendamt Erlangen 1990/1991

Erste praktische Erfahrungen mit Vermittlungsverfahren in familiengerichtlichen Verfahren konnten in der Bundesrepublik Deutschland (alt) mit dem abgeschlossenen Pilotprojekt „Praxiserprobung und Bewertung von Vermittlung (Mediation) in streitigen Familiensachen" gewonnen werden. Vom 1. Dezember 1990 bis 31. Oktober 1991 führte ich dieses Projekt am Jugendamt Erlangen durch. In diesem Projekt wurden erstmals im ver-

9 *Proksch*, Geschichte der Mediation, in: Krabbe (Hrsg.), Scheidung ohne Richter. Neue Lösungen für Trennungskonflikte, Reinbek 1991, S. 170ff.

10 *Proksch*, Scheidungsfolgenvermittlung (Divorce Mediation) – ein Instrument integrierter familiengerichtlicher Hilfe, in: FamRZ 1989, S. 918ff.

11 *Proksch*, „Divorce Mediation" – Ergebnisse eines Forschungs- und Praxisaufenthaltes in den USA im Jahre 1988, in: Amthor/Sievering (Hrsg.), Interdisziplinäre Zusammenarbeit im Familienrecht. Zur Praxis der Konfliktberatung. Arnoldshainer Protokolle 1/89, Frankfurt/M., S. 56ff.

12 *Proksch*, Wohl des Kindes. Systemische Konfliktlösungen im Scheidungsverfahren, 2. Auflage, Nürnberg 1991.

einigten Deutschland Vermittlungsverfahren versuchsweise in der jugend-hilferechtlichen Familienhilfe als Standardangebot eingesetzt. Es knüpfte an Überlegungen und Erfahrungen zu „Alternativen in der Ziviljustiz an", die seit Anfang der 80er Jahre in der Bundesrepublik Deutschland verstärkt diskutiert worden sind.[13] Das Vorhaben bezweckte die pilotmäßige Praxiserprobung und Bewertung von Vermittlung in streitigen Familiensachen mit Sorgerechtsbezug nach Ablauf, Dauer, Ergebnis, Kosten und Zufriedenheit der Betroffenen im Vergleich zu einer nicht vermittelnden Kontrollgruppe.

Das Pilotprojekt zeigte, daß Vermittlungsverfahren

- sich im Rahmen des geltenden Rechts und der vorhandenen gerichtlichen Verfahrensstruktur organisatorisch realisieren lassen und
- daß sie als alternative Konfliktregelungsverfahren auch in Deutschland effektive Hilfen zur Selbsthilfe für Scheidungseltern darstellen können.

Überraschend, weil in diesem Ausmaß nicht erwartet, war die hohe Akzeptanz des – freiwilligen – Vermittlungsangebotes des Stadtjugendamtes Erlangen durch die „Vermittlungs-Eltern". Ca. 90 % der nach dem Zufallsprinzip ausgewählten Scheidungseltern willigten spontan ein, „Vermittlung" in ihrem eigenen Sorgerechts- bzw. Umgangsrechtsverfahren zu praktizieren. Bezogen auf die gesamte Zahl der 27 Elternpaare erreichten knapp 50 % (13 Elternpaare) eine einvernehmliche Vereinbarung, 18,5 % (5 Elternpaare) brachen das Vermittlungsverfahren ab und 33 % (9 Elternpaare) stiegen nicht in das Vermittlungsverfahren ein. Bezogen auf die 70 % der in das Vermittlungsverfahren eingestiegenen Eltern erreichten 72 % eine Vereinbarung, während 28 % das Verfahren abbrachen. Weit über die Hälfte der befragten Vermittlungs-Eltern, sowohl solche, die zu einer Vermittlungsvereinbarung gelangt sind, als auch solche, die ein Vermittlungsverfahren abbrachen, sahen die qualifizierte Vermittlung als ein hilfreiches Verfahren, das sie „ihren Bekannten weiterempfehlen" würden.

Folgende Aussagen wurden von den befragten Eltern im Erlanger Pilotprojekt getroffen:

- der Vermittler brachte unsere Diskussion wieder auf die wesentlichen Punkte: 96,3 %;
- während der Vermittlung wurde nicht zuviel Zeit mit alten und vergangenen Konflikten vertan: 63 %;
- das Vermittlungsverfahren war sehr übersichtlich: 88,5 %;
- das Vermittlungsverfahren war für mich sehr durchschaubar: 82,5 %;

---

13 *Blankenburg/Gottwald/Strempel (Hrsg.)*, Alternativen in der Ziviljustiz. Berichte, Analysen, Perspektiven, Bonn 1982.

- Vermittlung half mir, meine eigentlichen Probleme, Interessen und Streitpunkte herauszuarbeiten: 66,7 %;
- durch die Vermittlung haben wir eine gute Lösung für das Sorgerecht unserer Kinder gefunden: 50,0 %;
- durch die Vermittlung haben wir eine gute Lösung für das Umgangsrecht unserer Kinder gefunden: 45,8 %.[14]

### 4.2 Langzeitprojekt am Stadtjugendamt Jena 1992/1997

In einem weiteren, 1992 begonnenen und 1997 abgeschlossenen Praxisprojekt zur Durchführung von Familienmediation am Stadtjugendamt Jena zeigen die Projektauswertungen vergleichbare Ergebnisse wie das Pilotprojekt am Stadtjugendamt Erlangen.

Nach der Qualifizierung der Fachkräfte in Familienmediation und nach der Organisation des Projekts vor Ort begann am 1. April 1993 die Praxisphase. Sie endete am 31. März 1994. Die Praxisphase diente der konkreten Anwendung von Familienmediation bei familiengerichtlichen Verfahren. Von 1994 bis 1997 wurde bei den Eltern und bei den Professionen nachgefragt.

| | |
|---|---|
| In der Praxisphase ergaben sich insgesamt | 210 Verfahren (100,0%). |
| Die Eltern hatten sich bereits vorab geeinigt in | 71 Verfahren. |
| Ohne Familienmediation in sonstiger Weise einigten sich Eltern in | 5 Verfahren. |
| Wegen Rücknahme, Wegzuges etc. erledigten sich | 18 Verfahren, |
| so daß letztlich streitig blieben | 116 Verfahren. |

Als streitig wurden dabei die Fälle angenommen, in denen die Eltern widerstreitende Anträge gestellt hatten und sich für ihre jeweiligen unterschiedlichen Anträge streitig engagiert hatten.

In diesen 116 streitigen Verfahren, die zur Familienmediation anstanden, begannen 86 Eltern die Vermittlung, 30 lehnten Familienmediation ab. Von den 86 Eltern in Vermittlung erreichten 65 Eltern (75,6 %) eine eigene Elternvereinbarung.

Bei den 71 – vorab – einvernehmlichen Fällen hatten die Eltern folgende Regelungen der elterlichen Sorge vereinbart:

| | |
|---|---|
| alleinige elterliche Sorge der Mutter | 53, |
| alleinige elterliche Sorge des Vaters | 1, |
| gemeinsame elterliche Sorge | 16. |

......................

14 *Proksch*, Vermittlungsangebote als Hilfe zur Konfliktregelung für Eltern in Trennung und Scheidung. Ein Praxismodell zur Mitwirkung der Jugendhilfe in familiengerichtlichen Verfahren nach § 50, 17 KJHG, in: Jugendhilfe 1991, S. 350ff.

Die 65 Eltern mit einer Vermittlungsvereinbarung hatten folgende Regelungen der elterlichen Sorge vereinbart:

alleinige elterliche Sorge der Mutter     38,
alleinige elterliche Sorge des Vaters     4,
gemeinsame elterliche Sorge     23.

Die Quote der gemeinsamen elterlichen Sorge liegt in den Vermittlungsfällen deutlich höher als in den Fällen der – vorab – einvernehmlichen Regelungen.

Die Eltern mit Vermittlung bezogen Regelungen zum Besuchsrecht überwiegend in ihre Vermittlungsvereinbarung mit ein. Bei den Eltern ohne Vermittlung verblieb es demgegenüber in fast der Hälfte der Fälle „nur" bei der Regelung der elterlichen Sorge. Sie vermieden dadurch offenbar (möglichen) Streit, während die Vermittlungseltern in Vermittlung ermutigt wurden, diesen für sie und ihre Kinder wichtigen Bereich gleichzeitig zusammen mit der Regelung zur elterlichen Sorge gemeinsam und einvernehmlich zu regeln. Soweit das Sorge- und das Umgangsrecht durch Vermittlung geregelt wurde, waren beide Eltern und die Kinder zufrieden bzw. sehr zufrieden.

Die Ergebnisse der Befragung zeigen auf, daß das Vermittlungsverfahren auch in der Hauptstudie von den Eltern durchgängig befriedend und befriedigend empfunden wurde. Wichtig war, daß die Eltern sich von der Vermittlungsperson emotional und inhaltlich angenommen gefühlt hatten und sich deshalb im Gespräch öffnen konnten und zur Mitarbeit motiviert wurden.

Soweit die Eltern Vermittlung erlebt hatten und auch eine Vermittlungsregelung erarbeiten konnten, signalisierten sie, daß sie jetzt von dem anderen Elternteil besser verstanden würden und dieser sich auch in der Erziehung auf Gemeinsamkeit einlassen würde. Durchweg bejahten die Eltern, daß sie die gemeinsame Verantwortung für ihre Kinder trotz Trennung oder Scheidung tragen möchten. Die Eltern bejahten auch die Frage, ob es für das Kind am besten sei, wenn sich beide Eltern in Erziehungsfragen einigen würden. Die Vermittlungseltern trauten sich regelmäßig beiderseits zu, mit dem anderen Elternteil zusammenzuarbeiten. Insgesamt waren sie mit dem Vermittlungsverfahren sehr zufrieden. Sie würden das Verfahren ihren Freunden empfehlen.

Folgende Aussagen wurden von den befragten Eltern im Jenaer Projekt u. a. getroffen:

- der Vermittler handhabe unseren Fall sehr gut: 91,6 %;
- der Vermittler brachte unsere Diskussion wieder auf die wesentlichen Punkte: 87,5 %;

- während der Vermittlung wurde nicht zuviel Zeit mit alten und vergangenen Konflikten vertan: 87,5 %;
- das Vermittlungsverfahren war sehr übersichtlich: 88,5 %;
- das Vermittlungsverfahren war für mich sehr durchschaubar: 82,5 %;
- Vermittlung half mir, meine eigentlichen Probleme, Interessen und Streitpunkte herauszuarbeiten: 87,5 %;
- durch die Vermittlung haben wir eine gute Lösung für das Sorgerecht unserer Kinder gefunden: 87,2 %;
- durch die Vermittlung haben wir eine gute Lösung für das Umgangsrecht unserer Kinder gefunden: 66,4 %.[15]

## 5. Voraussetzungen für die Einführung von Vermittlung

Vermittlungseffekte hängen ganz entscheidend – nicht anders übrigens als bei der Therapie oder Beratung – von der Qualifikation der Vermittlungsfachkräfte ab. Wichtig ist dabei – dies ist nicht immer leicht durchzuhalten –, daß die Vermittler/innen die Verantwortung von Eltern tatsächlich akzeptieren können. Dies ist nicht nur rechtlich wichtig, sondern es entspricht auch den psychosozialen Vorgaben für die Elternbefähigung zur Wahrnehmung ihrer elterlichen Verantwortung. Eine die Eltern deutlich akzeptierende und wertschätzende Arbeitsweise der Mediatorinnen und Mediatoren schafft bei den Eltern das notwendige Vertrauen zur eigenen Regelungskompetenz wie auch zu den Mediatoren selbst. Diese Kompetenz zu stärken, ist eine wichtige Aufgabe der Mediatoren.

Deshalb ist auch nicht entscheidend, ob die konkrete Vermittlungsarbeit durch Rechtsanwälte oder Psychologen (co-)moderiert wird. Vermittlung ist ein konsensuales, kommunikatives, kooperatives und kein juristisches Streitregelungs- oder therapeutisches Verfahren. Die für die eigenverantwortliche Streitbeilegung notwendigen – u. a. rechtlichen bzw. psychologischen – Informationen müssen sich die Eltern selbst außerhalb von Vermittlung – z. B. bei eigenen Beratungsanwälten oder in psychologischen Beratungsstellen – besorgen. Insoweit ist der Terminus des/der Anwaltsmediators/in mißverständlich.[16]

......................

15 *Proksch*, Praxiseinführung eines Modellkonzeptes kooperativer Vermittlung (Mediation), FPR 1996, S. 8ff. Die kompletten Ergebnisse werden demnächst in der Schriftenreihe des Bundesfamilienministeriums publiziert.
16 Vgl. zum Thema anwaltliches Berufsrecht *Greßmann*, Vermittlung, Schlichtung und Mediation nach der neuen Berufssatzung der Rechtsanwälte, in: FPR 1997, S. 251ff.; *Henssler*, Anwaltliches Berufsrecht und Mediation, in: Breidenbach/Henssler (Hrsg.),

Für eine effektive Einführung von Vermittlung müssen zudem interne und externe Strukturen auf Vermittlung hin ausgebildet werden. Die Kriterien der Freiwilligkeit des Zugangs und der Akzeptanz der elterlichen Eigenverantwortlichkeit sind bereits angesprochen worden. Ob Freiwilligkeit im Vermittlungssinn noch gelten kann, wenn das Gericht die Eltern auf Vermittlung verweist, erscheint zweifelhaft.

Im internen Bereich müssen die Voraussetzungen geschaffen werden, daß der Datenschutz garantiert werden kann und daß die Fachkräfte sich Vermittlungssituationen ohne zeitlichen Druck mit genügender Vorbereitungszeit widmen können. Schließlich müssen den Vermittlern Möglichkeiten der Supervision oder Team- bzw. Fachgespräche gewährt werden, damit sie die schwierige Gratwanderung der Neutralität und Allparteilichkeit zu jedem Zeitpunkt in der Vermittlungssitzung durchhalten können.

Im externen Bereich ist parallel zur Vermittlung die Kooperation der angefragten Scheidungsprofessionen unverzichtbar.[17] Öffentliche und freie Jugendhilfe, Richterschaft, Anwaltschaft und psychologische Gutachter bzw. Beratungspersonen müssen in dem gemeinsamen Ziel zusammenarbeiten, das Wohl der Kinder durch die Eigenverantwortlichkeit der Eltern einzulösen und sie zur Mediation zu motivieren. Den Rechtsanwälten als Organen der Rechtspflege fällt die entscheidende (neue) Rolle zu, den Eltern umfassende, kompetente Beratungshilfe zur Selbsthilfe zu erteilen, damit diese ihre eigenverantwortlichen Regelungen erarbeiten können.

Aufgabe der Familienrichter und -richterinnen ist es, die Eltern unter Hinweis auf deren verfassungsrechtliche Pflichtenstellung gegenüber ihren Kindern zur einvernehmlichen eigenen Lösung zu motivieren und das vorhandene verfahrensrechtliche Instrumentarium dafür offensiv zu benutzen.

Psychologische Gutachter dürfen nicht ausschließlich als bloße „Gerichtshelfer" fungieren. Sie sollen ebenfalls flankierende Hilfen zur Selbsthilfe für die Eltern geben.

Schließlich müssen die Leistungen der einzelnen Scheidungsprofessionen im Rahmen von Trennung und/oder Scheidung durch unterstützende Maßnahmen der Öffentlichkeitsarbeit so offensiv dargestellt werden,

Mediation für Juristen. Konfliktbehandlung ohne gerichtliche Entscheidung, Köln 1997, S. 75ff.; *Mähler/Mähler*, Rechtsberatung in der Mediation bei Trennung und Scheidung, in: FPR 1997, S. 263.

17 So auch nachdrücklich *Salzgeber*, Wird die Kindschaftsrechtsreform den Interessen der Kinder gerecht? Überlegungen aus der Sicht eines psychologischen Sachverständigen, FPR 1998, S. 83.

daß sie von den Eltern und ihren Kindern rechtzeitig erkannt und in Anspruch genommen werden können. Besonders wichtig ist es, die Eltern über die neuen Angebote und die veränderten Arbeitsweisen der einzelnen Professionen zu informieren und über deren Bedeutung für das Wohl der Kinder und der Eltern selbst.

Hier gilt es vor allem, das Profil der Jugendhilfe im Sinn einer offensiven, modernen und leistungsfähigen Dienstleistungsintervention nach innen wie nach außen deutlich zu machen und erfolgreich zu vertreten.

Die Zusammenarbeit der Professionen muß auch regelmäßige, gemeinsame Treffen einschließen, die dem Austausch von Erfahrungen und Informationen, aber auch dem gegenseitigen Kennenlernen und dem Abbau von Vorbehalten und Vorurteilen dienen können.

## 6. Zukunftserwartungen für die Familienmediation ab 1. Juli 1998 aufgrund der Regelungen des Kindschaftsrechtsreformgesetzes (KindRG)

Die bisherigen Auswertungen der Praxiseinführung von Mediation zeigen, daß „Familienmediation" eine wirksame Alternative zum gerichtlichen Verfahren ist und als jugendhilferechtliches Standardangebot zur Förderung des „Wohls des Kindes" von Eltern gewünscht wird. Reaktionen der betroffenen „Vermittlungs-Eltern" zeigen, daß sie selbst von der Effektivität von Vermittlung überrascht sind, weil sie dies – aufgrund ihrer tatsächlichen Konflikt- und Streitsituation – zunächst nicht erwartet hatten. Dadurch werden sie weiter zur Vermittlung motiviert.

Ziel der Hilfen für Kinder in und nach Trennung und Scheidung ist die funktionierende Kind-Eltern-Beziehung, in der Konflikte eigenverantwortlich und einvernehmlich von den Eltern selbst geregelt werden. Hierfür sind Vermittlungsverfahren geeignete und wirksame Angebote. Daher ist es zu begrüßen, daß nach § 52 Abs. 1 FGG „in einem die Person eines Kindes betreffenden Verfahren das Gericht so früh wie möglich und in jeder Lage des Verfahrens auf ein Einvernehmen der Beteiligten hinwirken soll" und „die Beteiligten so früh wie möglich auf bestehende Möglichkeiten der Beratung durch die Beratungsstellen und -dienste der Träger der Jugendhilfe hinweisen soll", ferner, daß gemäß § 52 Abs. 2 FGG „das Gericht das Verfahren aussetzen soll, soweit dies nicht zu einer für das Kindeswohl nachteiligen Verzögerung führt, wenn die Beteiligten bereit sind, außergerichtliche Beratung in Anspruch zu nehmen, oder nach freier Überzeugung des

Gerichtes Aussicht auf ein Einvernehmen der Beteiligten besteht; in diesem Fall soll das Gericht den Beteiligten nahelegen, eine außergerichtliche Beratung in Anspruch zu nehmen".

§ 52 FGG erwähnt Vermittlung (Mediation) selbst nicht ausdrücklich, er verweist lediglich auf „bestehende Möglichkeiten der Beratung". Eine ausdrückliche Erwähnung war jedoch deshalb nicht zwingend geboten, weil die in § 52 FGG erwähnte Beratung selbstverständlich auch Vermittlung umfaßt. Vermittlung zielt ganz ausdrücklich auf „die Entwicklung eines einvernehmlichen Konzepts für die Wahrnehmung der elterlichen Sorge und der elterlichen Verantwortung" gemäß § 52 Abs. 1 Satz 2 FGG. In den beiden durch das Bundesjustizministerium und das Bundesfamilienministerium geförderten Praxisprojekten zu Vermittlung konnte nachgewiesen werden, daß Vermittlung auch in Deutschland eine effektive und effiziente alternative Intervention bei elterlichen Konflikten ist. Daher ist es erforderlich, den § 52 FGG so zu handhaben, daß das Gericht die Beteiligten so früh wie möglich auf bestehende Möglichkeiten auch von Vermittlung durch das Jugendamt hinweisen und den Beteiligten nahelegen soll, neben außergerichtlicher Beratung auch Möglichkeiten außergerichtlicher Konfliktregelungen (Vermittlung/Mediation) in Anspruch zu nehmen. Über die Beratungspflichten des Jugendamtes nach § 17 SGB VIII, die ab dem 1. Juli 1998 auch Rechtsansprüche von Eltern normieren[18], muß Familienmediation zukünftig ein maßgebliches Interventionsinstrument der Jugendhilfe als Hilfe zur Selbsthilfe für Eltern und zur Stärkung und Förderung elterlicher Fähigkeiten sein.

Ähnliches hat für den neuen § 52a FGG zu gelten.

§ 52a FGG sieht vor, daß das Familiengericht auf Antrag eines Elternteils zwischen den Eltern vermittelt, wenn ein Elternteil geltend macht, daß der andere Elternteil die Durchführung einer gerichtlichen Verfügung über den Umgang mit dem gemeinschaftlichen Kind vereitelt oder erschwert. Erfahrungsgemäß kann das Wohl von Kindern bei umgangsrechtlichen Streitigkeiten zwischen den Eltern besonders gefährdet sein. Dies gilt insbesondere für die in § 52a FGG angesprochenen Fälle, daß Eltern die Durchführung einer gerichtlichen Umgangsverfügung vereiteln oder erschweren. Hier ist zunächst nicht vorrangig das Familiengericht, sondern erneut das Jugendamt gefordert. Entsprechend den familienrechtlichen Grundsätzen, daß eine gerichtliche Entscheidung erst dann gefällt werden soll, wenn außergerichtliche Streitregelungsmöglichkeiten – ergebnislos –

---

18 *Wiesner*, Beratung in Trennungs- und Scheidungssituationen als Angebot der Jugendhilfe, in: FPR 1997, S. 268ff.

ausgeschöpft worden sind, ist auch in diesen besonders schwierigen Fällen zunächst die Jugendhilfe gefordert. Die Jugendhilfe hat Möglichkeiten der Beratung, aber – eben auch – der Vermittlung (Mediation).

Daher sollte auch in diesen Fällen das Gericht nicht selbst zu vermitteln versuchen, sondern die Beteiligten auf die Möglichkeiten außergerichtlicher Beratung und außergerichtlicher Konfliktregelung (Vermittlung/Mediation) durch das Jugendamt hinweisen. Erst wenn eine solche Möglichkeit ergebnislos geblieben ist, sollten die Gerichte intervenieren und entscheiden, „ob Zwangsmittel ergriffen, Änderungen der Umgangsregelungen vorgenommen oder Maßnahmen in bezug auf die Sorge ergriffen werden sollen" (vgl. § 52 a Abs. 5 FGG).

Die positive Erfahrung in Vermittlung stärkt die Motivation der Eltern zur dialogorientierten einvernehmlichen Streitbeilegung. Dies fördert gewaltfreie Beziehungs- und Erziehungsstrukturen in der Familie. Eine solche Erfahrung prägt vor allem auch die Kinder und vermag deren Konfliktregelungskompetenzen entscheidend zu fördern.

So wirkt Vermittlung präventiv und entlastet gleichzeitig die Arbeit aller Scheidungsprofessionen. Am meisten aber nützt sie den Eltern und ihren Kindern in ihrem zukünftigen Leben.

HEINER KRABBE/HANNELORE DIEZ

# Mediationsvereinbarung und Elternvereinbarung
## – Ein Fallbeispiel –

## 1. Der Mediationsprozeß als eine sich fortschreibende Mediationsvereinbarung

Vereinbarungen werden laufend in der Mediation getroffen; sowohl zwischen den beiden Parteien als auch zwischen den Parteien und einem Mediator.

Es wird zu Beginn ein Mediationskontrakt geschlossen, die Höhe und Aufteilung der Kosten vereinbart. Es wird verhandelt und entschieden, in welcher Form der Verlauf und die Ergebnisse der Mediation festgehalten werden (Protokolle vom Mediator, abwechselnd von beiden Parteien). Es wird verhandelt und entschieden, ob einer oder beide Beratungsanwälte die Protokollergebnisse in eine juristisch formulierte Vereinbarung bringen sollen.

Im Verlauf der Mediation hat der Mediator an zahlreichen Stellen Frau und Herrn R. die Möglichkeit gegeben, Vereinbarungen miteinander treffen zu können. Sie haben bei der Themensammlung eine gemeinsame Prioritätenliste vereinbart; sie haben ihre wechselseitigen Bedürfnisse und Interessen anerkannt und vereinbart; sie haben aus der Fülle möglicher Optionen vereinbart, welche der Wahlmöglichkeiten sie sich für ihre Lebenssituation näher anschauen und überprüfen wollen; sie haben vereinbart, an welchen Maßstäben von Fairneß und Gerechtigkeit sie ihre endgültige Vereinbarung überprüfen wollen, welche davon eventuell als Präambel mit in die schriftliche Vereinbarung aufgenommen werden sollen.

In verschiedenen Stadien des Mediationsprozesses haben Frau und Herr R. Vereinbarungen zu Unterthemen getroffen.

Zunächst trafen sie Vereinbarungen zum Unterthema Kind: Sie erstellten einen Betreuungsplan für M. und richteten ein Kinderkonto ein. Darüber hinaus wurden zahlreiche Regelungen für die neue Lebensrealität von M. mit zwei getrennt lebenden Eltern getroffen. All diese Verhandlungsergebnisse sind in der Elternvereinbarung festgehalten worden.

Es wurden Vereinbarungen zum Unterthema Finanzen/Unterhalt getroffen. Beide Seiten vereinbarten Unterhaltsverzicht. Der Versorgungsausgleich, die Steuern, die Lebensversicherungen wurden geregelt. Frau und Herr R. trafen Vereinbarungen zum Unterthema Haus/Vermögen (Zugewinnausgleich, Wertefeststellungsdatum, Haus, Festgeldkonto, Auto, Hausrat).

Schließlich vereinbarten beide, daß anhand der Protokolle einer der beiden Beratungsanwälte die getroffenen Mediationsergebnisse in eine abschließende Mediationsvereinbarung bringt. Als Form wurde vereinbart, daß alle drei Familienmitglieder – einschließlich M. – die Elternvereinbarung unterschreiben; die Mediationsvereinbarung sollte mit der Unterschrift von beiden Parteien beim Notar verbindlich werden.

## 2. Rechtliche Aspekte der Mediationsvereinbarung

Mündliche und schriftliche Vereinbarungen und Verträge, die scheidungswillige Ehepaare in der Mediation erarbeitet haben, sind grundsätzlich einzuhalten – „Pacta sund servanda". Die Privatautonomie bietet jedem Rechtssubjekt die Möglichkeit, in freier Entscheidung seine (Rechts-)Verhältnisse selbst zu prägen und zu gestalten. Sie beruht auf dem Prinzip der Selbstbestimmung. Aus der Privatautonomie folgt die Freiheit der Gestaltung der eigenen Lebensverhältnisse mit Hilfe von Verträgen, also die Vertragsfreiheit, die sowohl den Abschluß als auch den Inhalt eines Vertrages umfaßt. Konflikte sind, soweit sie dem Zivilrecht unterfallen – also auch die familienrechtlichen Konflikte von Trennung und Scheidung –, privates Regelungsterrain. Auch im Konflikt kommt privatautonomer Gestaltung eine eigene Qualität zu, allerdings nur bis zur Grenze typischer erheblicher Ungleichgewichtslagen, die den für die Autonomie notwendigen Rahmen nicht gewährleisten.[1] Die Paare in der Trennungs- und Scheidungssituation können somit die meisten Regelungspunkte in der Mediation verbindlich vereinbaren und z. T. ohne Gericht durchführen. Nur wenige Regelungen müssen aufgrund bestimmter Formvorschriften vom Notar beurkundet oder vom Gericht protokolliert werden. Allerdings sollten in den Mediationsvereinbarungen Zulassungsverpflichtungen für die weitere Zukunft tituliert werden, selbst wenn die Scheidung davon nicht abhängt.[2]

.........................

1 *Breidenbach*, Mediation – Struktur, Chancen und Risiken von Vermittlung im Konflikt, Köln 1995, S. 204 ff.
2 *Neufeldt*, Zur juristischen Situation in Deutschland, in: Friedman, Die Scheidungsmediation. Anleitungen zu einer fairen Trennung, Reinbeck 1996, S. 330.

Bevor Frau und Herr R. den Vertrag privatschriftlich abfassen und ihn notariell beurkunden lassen, hat jeder der beiden die Vereinbarungen nochmals mit seinem Beratungsanwalt besprochen und überprüft. Damit ihre Beratungsanwälte sie jeweils ausreichend beraten können, hat der Mediator in Form der beigefügten Protokolle die wichtigsten Hintergrundinformationen zur Verfügung gestellt. Die Vereinbarung wurde so ein weiteres Mal überprüft, mögliche rechtliche Mängel konnten noch behoben werden. Dem Mediator gab dies die Sicherheit, daß im Falle eines späteren Rechtsstreits die Vereinbarung anwaltlich überprüft wurde und er somit eine rechtliche Absicherung erhalten hat.[3]

Erst jetzt beginnt der letzte Schritt der Vereinbarung; das Memorandum wird in eine rechtlich verbindliche Form gebracht. Die beiden Parteien einigen sich nun darauf, ob das Protokoll von einem Rechtsanwalt, einem Notar oder von den Parteien selbst aufgesetzt wird.[4]

## 3. Sprachliche Aspekte der Mediation

Die Mediationsvereinbarung sollte möglichst einfach und eindeutig formuliert werden.[5]

Anders als bei juristischen Trennungs- und Scheidungsfolgen-Vereinbarungen, in denen „juristische Inhalte" in juristischer Sprache abgefaßt sind, sollten die „juristischen Inhalte" in „mediativer Sprache" formuliert sein; hier gilt es insbesondere, den Aspekt der „Beidseitigkeit" in den Gebrauch der Sprache einfließen zu lassen. Regelungen zum Alltag, zu pädagogischen, psychologischen, finanziellen Fragen erfordern eine entsprechende Alltagssprache.

## 4. Die Vereinbarung als Lebensskript für die Zukunft beider Parteien

Die Mediationsvereinbarung soll den weiteren Verlauf des Lebens aller Familienmitglieder regeln. Sie sollte daher als eine Art Lebensanweisung verstanden und formuliert werden; sie gibt Orientierung für

---

3 *Haynes u. a.*, Scheidung ohne Verlierer. Ein neues Verfahren, sich einvernehmlich zu trennen. Mediation in der Praxis, München 1997, S. 238.
4 *Diez/Krabbe*, Was ist Mediation? Praktische Gebrauchsanleitung für ein außergerichtliches Vermittlungsverfahren, in: Krabbe (Hrsg.), Scheidung ohne Richter. Neue Lösungen für Trennungskonflikte, Reinbek 1990, S. 129.
5 *Haynes*, a. a. O., S. 238.

die weitere Zukunft, ist jedoch gleichzeitig überprüfbar und veränderbar.

Dies sollte bei Form und Inhalt der Vereinbarung beachtet werden. So wird einer Mediationsvereinbarung oft von beiden Parteien eine Präambel vorgestellt, die den Geist der Vereinbarung sowie die der Vereinbarung zugrunde liegenden Vorstellungen von Fairneß und Gerechtigkeit enthalten soll.

Mit dem Abschluß der Mediationsvereinbarung sollten Frau und Herr R. ein Bild davon haben, wie die weitere Zukunft von M. und jedem von ihnen aussieht.

Die Leserin und der Leser möge dies in der folgenden Mediationsvereinbarung sowie der Elternvereinbarung überprüfen.

---

### Mediationsvereinbarung

zwischen Frau Annegret R., geb. am ..., wohnhaft ...

und Herrn Josef R., geb. am ..., wohnhaft ...

Wir haben uns entschlossen, uns zu trennen und wollen mit dieser Vereinbarung alle Folgesachen dieser Trennung regeln, insbesondere für unseren gemeinsamen Sohn M., geb. am ... Diese Mediationsvereinbarung soll uns ermöglichen, für unseren Sohn M. weiterhin beide Eltern sein zu können. Deshalb verabreden wir für den Fall einer Scheidung das gemeinsame Sorgerecht. Die genauen Bestimmungen für M. werden wir in einer gesonderten Elternvereinbarung niederlegen.

Weiterhin soll diese Vereinbarung uns ermöglichen, unsere Finanzen so zu ordnen, daß wir beide für unseren Unterhalt selbst aufkommen können und daß M. wegen unserer Trennung nicht schlechter gestellt ist als vorher. Auch soll die Regelung für unser gemeinsames Haus ... so gestaltet sein, daß es als Erbe und Ausbildungsabsicherung für M. erhalten werden kann.

Für die Zeit der Trennung und für den Fall einer Scheidung vereinbaren wir folgendes:

1. Trennungszeitpunkt

Aus uns bekannten Gründen setzen wir den 1. 9. 1985 als Trennungszeitpunkt und damit auch als Wertfeststellungsdatum für alle finanziellen Entscheidungen; dies gilt auch für den Versorgungsausgleich.

2. Versorgungsausgleich

Aus uns bekannten und akzeptierten Gründen wollen wir nicht mehr gegenseitig für unsere Alterssicherung verantwortlich sein. Wir wollen, daß der gesetzliche Versorgungsausgleich nur bis zum 31. 8. 1985 durchgeführt und danach beendet wird. Es ist uns bekannt, daß diese Entscheidung Einfluß auf unseren Scheidungszeitpunkt hat.

3. Zugewinnausgleich
Der gesetzliche Zugewinnausgleich soll aus uns bekannten und gegenseitig akzeptierten Gründen nicht durchgeführt werden. Das vorzeitige und endgültige Erbe von Frau A. R. durch ihre Mutter, Frau A. M., soll unberücksichtigt und im alleinigen Besitz von Frau A. R. bleiben.

4. Haus
Wir bleiben weiterhin beide Eigentümer unseres Hauses …
    Die monatlichen Unkosten und der Kapitaldienst werden von uns zunächst hälftig getragen. Dazu wird ein gesondertes Hauskonto eingerichtet, von dem Herr R. alle Kosten überweist. Die/derjenige, die der im Haus wohnt, zahlt der/dem anderen als pauschale Mietabgeltung 1000 DM. Bei einer möglichen anderen Nutzung des Hauses wird neu verhandelt. Diese Regelung soll vorläufig gelten, bis M. volljährig ist oder seinetwegen eine andere Regelung getroffen werden muß.
    Zunächst wird Frau R. mit M. im Haus wohnen bleiben. M. soll in jedem Fall seine gewohnte Umgebung behalten. Im Falle eines Wechsels der Hauptbetreuung von M. (denkbar in 3–4 Jahren) zieht der Vater ins Haus.

5. Hausrat
Der Hausrat ist auseinandergesetzt. Alle Gegenstände aus der Familie von Herrn R. (Geschenke, Leihgaben etc.) verbleiben ausdrücklich im Besitz von Herrn R. Dies gilt auch für den Steinway-Flügel, den er Frau R. zunächst bis zum Ende ihres Musikstudiums überläßt.

6. Steuern, Versicherungen, Konten etc.
M. soll auf unseren Steuerkarten in jedem Jahr nach Beratung unseres Steuerberater nach dem für uns günstigsten Modell eingetragen werden.
    Die Lebensversicherungen bleiben im Besitz eines jeden von uns, da die Rückkaufwerte in etwa gleich sind. Ebenso soll mit den laufenden Girokonten verfahren werden. Das gemeinsame Auto mitsamt dem Versicherungsrabatt bei der HUK übernimmt Frau R. und veranlaßt auch die Umschreibung. Das bestehende Festgeldkonto mit einer zum Zeitpunkt des Trennungsdatums bestandenen Höhe von 30 000 DM wird aufgelöst und hälftig geteilt bzw. ausgeglichen.

### 7. Unterhalt

Jeder von uns kommt für seinen eigenen Trennungs- und nachehelichen Unterhalt selber auf. Lediglich für die Zeit einer ernsthaften Erkrankung oder Behinderung von M., die einen von uns hindert, voll zu arbeiten, wird über den Unterhalt neu verhandelt. Für die Zeit während des Studiums von Frau R. zahlt Herr R. ihr einen monatlichen Haushaltszuschuß von 800 DM. Alle regelmäßigen und außergewöhnlichen Kosten für M. werden von einem (bereits eingerichteten) Eltern-Kind-Konto bestritten (s. Elternvereinbarung).

### 8. Laufzeit und Überprüfung

Diese Mediationsvereinbarung ist mit unseren Beratungsanwältinnen,
Frau _____ und
Frau Dr. _____ durchgesprochen und wird in den notariell relevanten Teilen noch in einem gesonderten Notarvertrag niedergelegt. Wir wollen diese Mediationsvereinbarung in zweijährigem Turnus überprüfen und gegebenenfalls abändern können. Dies soll im Notarvertrag berücksichtigt werden.

Wir verabreden, bei Änderungen und möglichen Konflikten eine Mediation aufzusuchen, bevor einer von uns den juristischen Weg geht.

München, den _____

_____                    _____
(Unterschrift)                              (Unterschrift)

### Elternvereinbarung
zwischen der Mutter, Frau Annegret R.,
und dem Vater, Herrn Josef R.,
für das Kind, M. R., geb. am ...

1. Im Bewußtsein unserer gemeinsamen Elternverantwortung für unseren Sohn M. vereinbaren wir für die Zeit unserer Trennung und für den Fall einer Scheidung die gemeinsame Sorge bzw. das gemeinsame Sorgerecht.

2. Wir wollen versuchen, Vorkommnisse und Entwicklungen bei unserem Sohn M. zu besprechen, uns gegenseitig zu informieren und Konflikte gemeinsam zu lösen. Wir wollen dafür Sorge tragen, daß M. vor seinen Eltern Respekt behalten kann. Das heißt vor allem, daß wir den anderen Elternteil vor ihm nicht herabsetzen werden.

3. Wir verabreden regelmäßige Elterngespräche, und zwar persönliche oder telefonische, zunächst regelmäßig an jedem Montag abend, nachdem M. schläft (etwa 21 Uhr).

4. Der Haupt-Lebensmittelpunkt von M. verbleibt im Haus, wo er auch seinen polizeilichen ersten Wohnsitz hat. Sein zweiter polizeilicher Wohnsitz soll bei dem Elternteil sein, der nicht im Haus lebt, zur Zeit also beim Vater.

5. Für die regelmäßigen Kontakte von M. zu seinen beiden Elternteilen vereinbaren wir für dieses Schuljahr folgendes: Die Schulwoche verbringt M. bei seiner Mutter, bis auf den Mittwochabend, an dem sein Fußballtraining stattfindet und er bei seinem Vater übernachtet. Außerdem verbringt er im Turnus jedes zweite Wochenende von Freitagmittag nach der Schule bis Montag bei seiner Mutter. Das erste, dritte und vierte Wochenende turnusmäßig bei seinem Vater (ebenfalls von Freitagmittag nach der Schule bis Montagmorgen).

6. Die Ferien sollen im Prinzip hälftig aufgeteilt sein, werden jedoch spätestens einen Monat vorher im Elterngespräch besprochen. Die Gestaltung der schulfreien Tage wird jeweils in Absprache mit M. geregelt.

7. Feiertage und Geburtstage: Heiligabend, Silvester und die beiden Weihnachtsfeiertage werden im Prinzip hälftig geteilt bzw. im darauffolgenden Jahr ausgeglichen. Am Geburtstag von M. sollen beide Elternteile Kontakt mit M. haben dürfen. Die Gestaltung seines Geburtstags bestimmt M. selbst. Die Gestaltung der Geburtstage der Eltern bestimmen diese selbst. Beide sollten aber an diesem Tag das Recht zu Kontakt mit M. haben, unabhängig von der gerade gültigen Betreuungsregelung. Die Verfahrensweise an sonstigen Feiertagen und Festtagen der Familie wird spätestens einen Monat vorher im Elterngespräch besprochen.

8. Für den Fall, daß M. krank ist, vereinbaren wir, daß der Elternteil für die Pflege zuständig ist, bei dem sich M. gerade aufhält. Der andere Elternteil wird verständigt (dafür verpflichten sich beide Elternteile, einen Anrufbeantworter und ein Faxgerät zu installieren). Bei Krankheit oder Verhinderung eines Elternteils sollen die ausgefallenen Zeiten nach gegenseitiger Absprache nachgeholt werden können.

9. Kindesunterhalt: Grundsätzlich zahlt jeder Elternteil selbst für die Zeiten, die M. bei ihm verbringt. Für außergewöhnliche Kosten und

größere Anschaffungen ist bereits ein gemeinsam verwaltetes Eltern-Kind-Konto bei der ... Bank eröffnet, auf das jeder Elternteil monatlich z. Zt. 300 DM einzahlt. Das Kindergeld und die regelmäßigen Geldzuwendungen der Großmutter und des Patenonkels kommen ebenfalls auf dieses Konto. Davon sollen auch außergewöhnliche Kosten für den Hund von M. bezahlt werden können.

Bis zu 50 DM soll jeder Elternteil allein unterschriftsberechtigt sein, für alle Summen darüber hinaus muß Konsens hergestellt werden. Die Verabredungen mit der Bank sollen dahingehend geändert werden.

10. Das Taschengeld in Höhe von z. Zt. 60 DM erhält M. vom Eltern-Kind-Konto.

11. Eintragung auf den Steuerkarten: M. bleibt zunächst auf der Steuerkarte des Vaters vermerkt. Es soll jährlich nach der jeweilig günstigsten Möglichkeit gesucht werden. Die Vorteile und Nachteile werden ausgeglichen.

12. Hund Miro: M. nimmt seinen Hund prinzipiell zu dem Elternteil mit, der ihn gerade betreut. Für Futter und Pflege sowie für einen evtl. notwendigen Tierarzt kommt der Elternteil auf, bei dem sich M. gerade aufhält.

13. Krankenkasse: M. bleibt einstweilen beim Vater mitversichert.

14. Haftpflicht: Jeder Elternteil hat eine eigene Haftpflichtversicherung für M., insbesondere wegen des Hundes Miro.

15. Für die Zeit der schulischen Ausbildung vereinbaren wir, daß wir seine Zeit im Gymnasium unterstützen werden. Für wichtige weitere Entscheidungen und zur Lösung von Konflikten werden wir unsere gemeinsamen Freunde Frau und Herrn ... als pädagogische Paten hinzuziehen.

16. Geschenke: Größere Geschenke an M. sollen möglichst einen Monat vorher im Elterngespräch abgesprochen werden.

17. Medizinische Entscheidungen werden im Prinzip gemeinsam getroffen. Bei Abwesenheit oder Verhinderung eines Elternteils entscheidet der andere allein. Es besteht jedoch grundsätzliche, möglichst umgehende Informationspflicht.

18. Religiöse Entscheidungen (z. B. Konfirmation) sollen von beiden Elternteilen mit M. und seinem Patenonkel besprochen werden.

19. Weitere wichtige Entscheidungen (z. B. Zusatzunterricht, Auslandsaufenthalte, Haustiere etc.) sollen grundsätzlich von beiden Elternteilen gemeinsam getroffen und im Elterngespräch vorbesprochen werden.

20. Kinderzimmer-Möbel: Die Möbel von M. verbleiben im Haus, es sei denn, M. entscheidet selbst anders. Der andere Elternteil, z. Zt. die Mutter, schafft vom Kinderkonto neue Möbel an.

21. Kontakt zu beiden Verwandtschaften: Der Kontakt soll weiter bestehen und gefördert werden, insbesondere zu seiner Großmutter. M. soll grundsätzlich die Möglichkeit haben, jährlich mindestens ein bis zwei Wochen in ihrem Haus an der Ostsee zu verbringen. Die Zeit soll nicht auf die elterlichen Betreuungszeiten angerechnet werden.

22. Neue Partner der Eltern: Wir vereinbaren, daß es im ersten Jahr unserer Trennung keine Urlaube mit M. und neuen Partnern geben soll. Die jeweiligen Wochenenden mit einem Elternteil sollen so gestaltet sein, daß er mindestens einen ganzen Tag nur mit diesem Elternteil ohne neue Partner verbringen kann.

23. Hauptwohnsitzwechsel von M. zum anderen Elternteil: Ein Wechsel soll prinzipiell möglich sein. Dazu soll M. diesen Wunsch über einen Zeitraum von drei Monaten geäußert haben und ihn danach ein halbes Jahr ausprobieren. Spätestens in drei Jahren vom jetzigen Zeitpunkt an soll über diese Möglichkeit gesprochen werden.

24. Konflikte und Schwierigkeiten: Für auftretende und nicht von uns selbst zu lösende Konflikte und Schwierigkeiten verabreden wir eine Mediation, bevor wir juristische Schritte gehen.

25. Überprüfung und Veränderung dieser Elternvereinbarung: Die einzelnen Regelungen dieser Vereinbarungen sollen jährlich bei Schuljahresende überprüft und verändert werden können; dies könnte auch in einer Mediation geschehen.

_____

Ort, Datum


_____               _____

(Unterschrift der Mutter)          (Unterschrift des Vaters)

HEIDRUN GERWENS-HENKE

# Was kostet Mediation im Familienrecht?

So vielfältig wie die Anwendungsbereiche von Mediation sind auch ihre Kostenstruktur und ihre Kostengestaltung. Eine Schulmediation wird anders finanziert als etwa eine Umwelt- oder Wirtschaftsmediation.

Im folgenden soll es um die Kosten von Mediation bei der Regelung von – auch finanziellen – Trennungs- und Scheidungsfolgen gehen. In diesem Bereich, der sich in Deutschland bereits mehr als andere etabliert hat, hat sich eine gewisse Abrechnungspraxis entwickelt. Aus der Nähe zum gerichtlichen Scheidungsverfahren mit normierten Kostenordnungen, z. B. der Bundesgebührenordnung für Rechtsanwälte – BRAGO –, ergeben sich besondere Fragestellungen, die seit einiger Zeit auch in der Literatur behandelt werden.[1]

Außerdem besteht wegen der steigenden Nachfrage und Resonanz auf diesem Gebiet ein besonderer Informationsbedarf der Öffentlichkeit.

## 1. Grundlagen

Scheiden tut weh, auch finanziell. Zu den Kosten, die durch die Trennung und die doppelte Haushaltsführung entstehen, kommen Kosten für Anwälte und Gericht. Daran führt kein Weg vorbei; es sei denn, daß wegen geringen oder fehlenden Einkommens staatliche Prozeßkostenhilfe für das Scheidungsverfahren in Anspruch genommen werden kann.

Auch eine sorgsam durchgeführte Mediation hat ihren Preis – und ist ihn wert. Die Gesamtkosten sind jedoch im allgemeinen geringer als beim traditionell geführten Scheidungsverfahren. In einem Berechnungsbeispiel vergleicht Enders[2] die Kosten einer außergerichtlichen Vereinba-

---

1 *Enders*, Der Anwalt als Mediator und sein Vergütungsanspruch, in: JurBüro 1998, S. 57 ff., m. w. N.
2 A. a. O., S. 115/116.

rung, die einerseits durch Verhandlung von zwei Anwälten, andererseits durch Mediation zustande gekommen ist. Er kommt zu dem Schluß, daß die Mediationskosten nur die Hälfte betragen.

Ein abstrakter und allgemeingültiger Kostenvergleich zwischen einer Scheidung mit und ohne Mediation ist allerdings nicht möglich, da Gerichts- und Anwaltskosten sowohl vom Gegenstandswert als auch von der Art der prozessualen und außergerichtlichen Tätigkeit der Anwälte abhängen und deshalb von Fall zu Fall verschieden sind.

Die Mediationskosten berechnen sich dagegen nach Zeit, einem Faktor, auf den die Klienten selbst Einfluß nehmen können, indem sie sich z. B. gut auf die Sitzungen vorbereiten und konstruktiv an der Entwicklung von Lösungen mitwirken.

Aber auch bei der Mediation gibt es unterschiedliche Möglichkeiten der Kostengestaltung, auf die im folgenden näher eingegangen werden soll. Dabei soll unterschieden werden zwischen den Honoraren für die

• Mediationssitzungen,
• Abschlußvereinbarung,
• beratenden Außenanwälte.

## 2. Kosten für die Mediationssitzungen

In der Praxis hat sich die Abrechnung nach Zeit auf der Grundlage entsprechender Honorarvereinbarungen eingebürgert. Auf die in der Literatur streitige Frage, ob Anwälte[3] für Mediationstätigkeit nach dem festen Gebührenrahmen der BRAGO abrechnen könnten[4], soll hier nicht eingegangen werden. Auch diejenigen, die eine solche Möglichkeit bejahen, empfehlen die Vereinbarung von Zeithonoraren.[5]

Da es für die Honorierung nach Zeit weder im therapeutischen noch im anwaltlichen Bereich Kostentabellen gibt, muß über die Höhe der Kosten gesprochen und Einverständnis erzielt werden. Die Honorarvereinbarung wird schriftlich abgeschlossen.

Die Höhe des Stundensatzes hängt u. a. davon ab, ob es sich um Mediation

---------

3 Im Text wird durchgängig die männliche Form der Berufsbezeichnung verwendet, wenngleich die Einbeziehung der weiblichen Angehörigen der Berufe selbstverständlich ist.
4 S. dazu *Enders*, a. a. O., S. 69; *Groß*, Die außergerichtliche Tätigkeit im Familienrecht – Einige Bemerkungen zu den Anwaltsgebühren, in: FPR 1997, S. 266 ff.
5 *Henssler/Schwackenberg*, Der Rechtsanwalt als Mediator, in: MDR 1997, S. 409 ff. (412).

* in freier Praxis oder in einer Beratungsstelle mit einem oder zwei Mediatoren
* von der juristischen und/oder psycho-sozialen Berufsgruppe handelt.

Der Kostendruck einer freien Praxis erfordert eine andere Höhe des Honorars als es für das Mediationsangebot einer öffentlich oder durch den jeweiligen Träger bezuschußten Beratungsstelle zu zahlen wäre. Diese Beratungsstellen arbeiten zum Teil auf freiwilliger Spendenbasis oder mit einem einkommensabhängigen Abrechnungsmodus (etwa 2 % des gemeinsamen monatlichen Nettoeinkommens pro Stunde). Aber auch hier sind die Kosten höher, wenn freiberufliche Mitarbeiter auf Honorarbasis Mediation anbieten.

Mediatoren in freier Praxis orientieren sich an der üblichen Honorarhöhe ihrer sonstigen Tätigkeit als Berater, Therapeut oder Anwalt und an den Betriebskosten ihrer Praxen. Das führt bei Angehörigen der psycho-sozialen Berufsgruppe zu einer durchschnittlichen Honorarhöhe zwischen 120 und 200 DM, bei Anwaltsmediatoren zwischen 250 und 350 DM pro Stunde.[6] Abweichungen nach oben und unten je nach Regelungsgegenstand und -wert sowie Einkommens- und Vermögensverhältnissen der Klienten sind möglich und üblich.

Wenn auch die Dauer der Mediation individuell verschieden ist, kann doch erfahrungsgemäß von einem Durchschnitt von 5 bis 10 Sitzungen mit $1^{1}/_{2}$ bis 2 Stunden pro Sitzung ausgegangen werden.

## 3. Kosten für die Abschlußvereinbarung

Die Mediation endet mit einem Einigungsergebnis zu ganz konkreten Punkten. Die Richtlinien der Bundesarbeitsgemeinschaft für Familien-Mediation (BAFM) führen hierzu aus: „Das Ergebnis der Mediation wird in der Regel schriftlich festgehalten. Auf Wunsch der Partner kann hieraus durch den Anwaltsmediator, die Beratungsanwälte oder öffentliche Rechts-, Auskunfts- und Vergleichsstellen (*Anmerkung der Verf.: nur in wenigen Bundesländern*) eine juristisch formulierte Vereinbarung erstellt werden."[7]

Die Kosten für die Formulierung des Mediationsergebnisses können dementsprechend unterschiedlich sein. Deswegen sollte diesem Punkt bei der Honorarvereinbarung besondere Aufmerksamkeit gewidmet werden.

6  Vgl. *Mähler/Mähler*, Rechtsberatung in der Mediation bei Trennung und Scheidung, in: FPR 1997, S. 258 ff. (264).
7  Ziff. VI, abgedruckt in FPR 1996, S. 42.

Das Ergebnis der Mediation kann als Memorandum oder Abschlußprotokoll in der Mediationssitzung mit den Klienten oder außerhalb der Sitzung vom Mediator formuliert werden. Der Arbeitsaufwand dafür wird nach Zeitgebühr (2 bis 3 Stunden) berechnet.

Im allgemeinen ist die kostengünstigste und oft auch formal notwendige Lösung, das Mediationsergebnis als Trennungs- oder Scheidungsfolgenvertrag und/oder Ehevertrag notariell beurkunden zu lassen. Notargebühren berechnen sich zwar auch nach Gegenstandswert, sind aber wesentlich geringer als Anwaltsgebühren. Was notariell beurkundet ist, braucht nicht mehr in das gerichtliche Scheidungsverfahren eingebracht zu werden. Der Notarvertrag ersetzt die gerichtliche Entscheidung oder den gerichtlich protokollierten Vergleich. In der Ersparnis der entsprechenden Anwalts- und Gerichtsgebühren liegt der eigentliche Kostenvorteil der Mediation.

Nur wenn die Parteien im Scheidungsverfahren Prozeßkostenhilfe erhalten, wird es günstiger sein, statt der notariellen Beurkundung den gerichtlichen Vergleich zu wählen, da die Anwälte in diesem Fall ihre Gebühren staatlich erstattet bekommen und für die Parteien weder Gerichts- noch Anwaltskosten anfallen.

Anwaltsmediatoren wird u. a. von der Bundesrechtsanwaltskammer und von in der Literatur vertretenen Auffassungen empfohlen, eine der Vergleichsgebühr entsprechende Abschlußgebühr zu vereinbaren, wenn sie die Mediation mit einem juristisch ausformulierten Vertrag abschließen.[8]

Das ist aus der Sicht der Anwaltschaft verständlich. Die Vertragsgestaltung ist klassische juristische Arbeit. Für eine gleichartige Tätigkeit außerhalb der Mediation könnte unter bestimmten Voraussetzungen eine Vergleichsgebühr nach § 23 BRAGO in Ansatz gebracht werden. Der Gesetzgeber hat diese Gebühr auf $^{15}/_{10}$ erhöht, um die außergerichtliche Tätigkeit der Anwälte zu honorieren und entsprechende Einigungen zu fördern.[9] Zweifellos dient Mediation diesem Zweck.

Auf der anderen Seite kann die Vergleichs- oder Abschlußgebühr zu einer ganz erheblichen Verteuerung der Mediation führen. Sie ist vom Gegenstandswert abhängig, der schon bei der Übertragung eines Miteigentumsanteils am Haus von einem Partner auf den anderen erheblich sein kann. Bei einem Gegenstandswert von 200 000 DM beträgt die Vergleichsgebühr z. B. mehr als 4 000 DM. Die Abschlußgebühr kann demnach höher als das Honorar für den gesamten Mediationsprozeß sein.

........................

8 Schlußbericht des *BRAK-Ausschusses Mediation*, in: BRAK-Mitt. 1996, S. 186 ff. (187/ 188); *Groß*, a. a. O., S. 267; *Mähler/Mähler*, a. a. O.
9 *Groß*, a. a. O., S. 266.

Wegen dieser Kostenfolge sollten auch Anwaltsmediatoren im Einzelfall prüfen und besprechen, ob ein formaler Vertrag als Grundlage für den ohnehin noch abzuschließenden notariellen Vertrag notwendig ist oder ob ein Memorandum oder Ergebnisprotokoll dafür ausreicht. Das wird im allgemeinen dann der Fall sein, wenn es sich um eine typische Regelung handelt, die ohne weiteres in notarielle Standard-Verträge übertragen werden kann. Anders ist es bei einer komplexen Materie, bei der nur die exakte juristische Formulierung das Mediationsergebnis widerspiegelt. Hier ist es sinnvoll, daß der Mediator juristisch formuliert.

In der Praxis wird eine solche Vertragsgestaltung – anders als es in der Literatur zum Ausdruck kommt – durchaus unterschiedlich abgerechnet: durch Zeithonorar oder mit einer an die Gebührenordnung angelehnten – streitwertabhängigen – Abschlußgebühr zwischen $^{7,5}/_{10}$ und $^{15}/_{10}$. Es wäre wünschenswert, hier Transparenz und Einheitlichkeit durch eine gesetzliche Honorarregelung zu schaffen.[10]

## 4. Kosten für die beratenden Außenanwälte

Nicht selten kommen Paare zum Mediator, weil sie u. a. aus Kostengründen keine Anwälte aufsuchen wollen. Hier ist Überzeugungsarbeit dahingehend zu leisten, daß die parteiliche Beratung von zwei Anwälten (Beratungsanwälte) neben dem Mediationsprozeß sinnvoll oder auch notwendig ist. Die volle Informiertheit der Konfliktpartner gehört zu den Grundprinzipien der Mediation. Sie bezieht sich auch auf alle rechtlichen Aspekte. Auch wenn der Mediator Anwalt ist, setzt seine Verpflichtung zur Allparteilichkeit der Möglichkeit zur Rechtsberatung Grenzen. Recht ist nur selten eindeutig und daher auslegungsbedürftig. Allein schon durch die Interpretation zugunsten der einen oder anderen Seite kann der Eindruck von Parteilichkeit entstehen. Durch die Rechtsberatung bei Anwälten außerhalb der Mediation wird dagegen gewährleistet, daß jeder von beiden Konfliktpartnern in einem unkontrollierten Raum über seine gesetzlichen Rechte und Pflichten, seine Risiken und Chancen informiert wird.[11]

Verwiesen sei auf die Richtlinien der BAFM, die zu diesem Punkt besagen: „Ist der Mediator nach dem Rechtsberatungsgesetz nicht selbst zur Rechts-

10 *Henssler/Schwackenberg*, a. a. O.
11 *Gerwens-Henke*, Die Rolle von Anwälten im Mediationsverfahren, in: Scheidungsmediation. Möglichkeiten und Grenzen (Hrsg. Bundeskonferenz für Erziehungsberatung), Votum 1995, S. 91 ff. (94).

beratung befugt, so hat die Beratung durch die Anwälte rechtzeitig zu erfolgen. Auch der Anwaltsmediator wirkt darauf hin, daß die Vereinbarung erst nach parteilicher Rechtsberatung Verbindlichkeit erlangt."[12]

Der Beitrag der Beratungsanwälte ist demnach unterschiedlich, je nachdem, ob es sich um einen juristischen oder psycho-sozialen Mediator handelt. Der unterschiedliche Beratungsumfang wirkt sich in den Abrechnungen aus. Im allgemeinen werden die Beratungsanwälte weniger in Anspruch genommen, wenn der Mediator selbst Anwalt ist. Dadurch werden die höheren Stundensätze der Anwaltsmediatoren bei den Gesamtkosten der Mediation wieder ausgeglichen. Das soll im einzelnen näher ausgeführt werden:

Wie rechnet nun der Beratungsanwalt ab? Da es sich um übliche anwaltliche Tätigkeit handelt, kommen die Gebührensätze der BRAGO zur Anwendung, die sich nach Beratungsumfang und Gegenstandswert richten.

Legt der Mandant dem Rechtsanwalt einen fertigen Vertragsentwurf vor, den dieser nur auf seine rechtliche Zulässigkeit und Vollständigkeit hin überprüfen soll, oder sucht der Mandant den Rechtsanwalt nur einmal zur Absicherung des bereits erarbeiteten Ergebnisses auf, fallen geringere Gebühren an, als wenn der Beratungsanwalt das Mediationsergebnis in einen juristischen Vertragstext übersetzt. Dafür kann er unter Umständen neben einer Geschäftsgebühr eine $^{15}/_{10}$ Vergleichsgebühr abrechnen. Wirken beide Beratungsanwälte an der Vertragsgestaltung mit, können diese Gebühren sogar für jeden von beiden anfallen.[13] In diesem Fall dürfte die Mediation unter Kostengesichtspunkten nicht mehr attraktiv sein.

Um die Honorare der Beratungsanwälte vorhersehbar und kalkulierbar zu machen, sollte auch mit ihnen ein Zeithonorar an Stelle der Abrechnung nach den Gebührensätzen der BRAGO vereinbart werden. Der Stundensatz liegt üblicherweise etwa in der gleichen Höhe wie der des Anwaltsmediators.

Auch hier gilt etwas anderes, wenn die Parteien im Scheidungsverfahren Prozeßkostenhilfe erhalten. Die Beratungsanwälte können mit der anschließenden Vertretung im Scheidungsverfahren beauftragt werden. Bringen sie die Scheidungsfolgenregelung in das gerichtliche Verfahren ein, werden die durch die Beratung entstandenen gesetzlichen Gebühren auf die Verfahrensgebühren angerechnet und müssen nicht extra bezahlt zu werden.

Für den Mediator gilt das allerdings nicht, da er keinen der beiden Partner im anschließenden Scheidungsverfahren vertreten darf. Seine Kosten

---

12 Ziff. V.1, a. a. O.
13 *Mähler/Mähler*, a. a. O.

müssen daher auch im Falle der Prozeßkostenhilfe extra gezahlt werden, was gerade bei geringem Einkommen ein Problem ist. Für diesen Personenkreis wäre es wichtig, daß die Prozeßkostenhilfe auch auf die Mediation ausgedehnt wird.

## 5. Fazit

Mediation kostet Geld. Kritiker, die Mediation deshalb als Luxusdienstleistung für Begüterte brandmarken, übersehen dabei allerdings, daß die Alternativen im allgemeinen teurer sind, abgesehen von den emotionalen Kosten einer gerichtlichen Auseinandersetzung. Das ist auch den Betroffenen oft nicht hinreichend klar.

Eine Mehrbelastung durch die Mediationskosten entsteht allerdings für Personen, die im Gerichtsverfahren Prozeßkostenhilfe erhalten. Da ein hoher Anteil der familiengerichtlichen Verfahren durch staatliche Prozeßkostenhilfe finanziert wird, ist eine spürbare Entlastung der Justiz und eine Förderung der kooperativen Konfliktbearbeitung durch Mediation nur zu erwarten, wenn hier eine entsprechende Erweiterung des Kostenrechts eintritt. Auch ist zu überlegen, wie Mediation in Rechtsschutzversicherungen einbezogen werden kann.

Damit die Kosten transparent und überschaubar sind, sollten sowohl mit den Mediatoren als auch mit den beratenden Anwälten Zeithonorare vereinbart werden.

Idee und Sinn der Mediation werden gesellschaftlich gut aufgenommen. Zur Förderung ihrer Umsetzung sind noch Schritte notwendig: sowohl im Bewußtsein der von Trennung und Scheidung Betroffenen als auch in der finanziellen Entlastung derjenigen, die Mediation in Anspruch nehmen und damit die Justiz – auch finanziell – entlasten.

# Mediation in Wirtschaft und Arbeitswelt

ANDREA BUDDE

# Mediation in Wirtschaft und Arbeitswelt

## 1. Einführung

Mediation in Wirtschaft und Arbeitswelt – wie lange schläft die Riesin wohl noch? Dieses in Deutschland noch sehr neue Thema findet in den letzten drei Jahren vermehrtes Interesse vor allem von professionellen Konfliktbearbeitern (im einzelnen von Psychologen, Juristen, Pädagogen, Trainern), aber auch von Abnehmerseite.

Nachdem in der anfänglichen Diskussion die Meinung vorherrschte: „Das haben wir in Deutschland schon längst – warum ‚Eulen nach Athen tragen'?"[1] hat sich in letzter Zeit ein differenzierteres Bild entwickelt:

Anerkannt wird, daß Mediation gerade im Wirtschaftsbereich eine schnelle, praxisorientierte und kostengünstige Alternative sowohl zur Ziviljustiz als auch zur Schiedsgerichtsbarkeit sein kann. Im Gegensatz zu den rechtsförmigen, durch differenzierte Verfahrensregeln strukturierte, Schieds- oder Gerichtsverfahren, kann in einer Mediation jeder Manager, jede Geschäftsführerin oder Firmeninhaberin Ablauf und Ergebnis des Verfahrens selbst (mit-)bestimmen. Durch schnelle Verfügbarkeit ist eine zeitnahe Konfliktbearbeitung möglich – wichtig vor allem bei Störungen in laufenden Geschäftsbeziehungen, wie z. B. bei Baustreitigkeiten oder in Durchführung von Softwareentwicklungsaufträgen. Wegen der Nicht-Öffentlichkeit der Mediation und der von allen Beteiligten gewährleisteten Verschwiegenheit über die Streitigkeit kann Imageverlust verhindert werden.

Anstatt aufzuarbeiten und zu präsentieren, wer wem was in der Vergangenheit „angetan" hat bzw. was genau nicht oder schlecht erfüllt wurde, wird die wirtschaftlich wesentlich wichtigere Frage: „Wie soll es weiter gehen?" in den Mittelpunkt gestellt.

......................

1 Siehe Dokumentation der Heinrich-Böll-Stiftung Nr. 10, ExpertInnengespräch Mediation, Beiträge einer Veranstaltung der Heinrich-Böll-Stiftung am 5. 9. 1996 in Bonn.

Um die Unterschiede zwischen Mediation und anderen Verfahren zu er-
läutern, folgendes *Beispiel:*
In einer 1960 gegründeten Druckerei verstirbt der Firmeninhaber und -
gründer, ohne ein Testament hinterlassen zu haben. Die Druckerei ist hoch
verschuldet, allerdings ist für den kommenden Monat ein Großauftrag zu
erwarten.

Die hinterbliebene Ehefrau und drei erwachsene Kinder, eine Tochter
und zwei Söhne, streiten sich über Erbe und Zukunft des Unternehmens.
Ein Sohn lebt in Südamerika und will so bald als möglich so viel Geld als
möglich aus seinem Erbe. Der andere Sohn (arbeitsloser Jurist, Alkoholi-
ker) und die Tochter (Betriebswirtin) streiten sich über die Führung des Be-
triebs. Die Ehefrau des Firmengründers sähe lieber ihren Sohn als die Tochter in der Firmenleitung.

Die Tochter, an der Leitung der Druckerei interessiert, konsultiert eine
Rechtsanwältin und beauftragt diese, gegen ihren Bruder, der inzwischen
eigenmächtig die Geschäfte weiterführt, tätig zu werden.

Die Rechtsanwältin erwirkt eine einstweilige Verfügung auf Unterlassung
gegen den Bruder. Währenddessen ist das Unternehmen stillgelegt, Ver-
bindlichkeiten müssen weiter bedient werden. Der Auftraggeber für den
Großauftrag hat eine andere, zuverlässigere Druckerei gefunden.

Das einstweilige Verfügungsverfahren geht in das streitige Gerichtsverfahren über. Mittlerweile besteht zwischen Tochter und Mutter sowie zwischen
Tochter und älterem Bruder kein Kontakt mehr. Alle Beteiligten, auch der in
Südamerika lebende jüngste Bruder, haben Rechtsanwälte eingeschaltet. Kor-
respondiert wird nur noch über diese. Der Umgangston wird immer schärfer.
Die beteiligten Anwälte können ihren jeweiligen Mandanten gegenüber nicht
mehr zurück: Hatten sie doch zu Beginn Hoffnungen auf einen jeweils sieg-
reichen Ausgang des Streits für die jeweiligen Beteiligten geweckt.

Im Laufe der Rechtsstreitigkeiten muß für die Firma Konkurs angemel-
det werden. Schlußendlich bleibt weder von der Firma noch von dem er-
hofften Erbe etwas übrig.

### 1.1 Was hätte eine Mediation am Ablauf dieses Falles ändern können?

Ein Gerichtsverfahren kann sich immer nur auf kodifizierte Rechtsansprüche stützen: „Wer will was von wem woraus ?" Ein Lebenssachverhalt
muß auf dem „Prokrustesbett des Rechts" in Form gezogen werden. Der Fall
muß so präsentiert („zurechtgezurrt") werden, daß er genau unter die ge-
forderten Anspruchsgrundlagen subsumierbar ist.

Dabei geht nur zu häufig das verloren, was die Beteiligten eigentlich wollen, nämlich in dem Beispiel eine Lösung zwischen Bruder und Schwester, die garantiert, daß das Unternehmen weiterhin existieren kann. Der Großauftrag muß ausgeführt werden, damit das Unternehmen überleben kann. Ein Gerichtsverfahren und die Kommunikation nur über Anwälte schürt die Wut und den Haß der Beteiligten aufeinander.

### 1.2 Welche Möglichkeiten hätte ein Mediator oder eine Mediatorin demgegenüber gehabt?

• Die Geschwister und die Mutter als Hauptbeteiligte zusammenbringen, ihnen in einem geschützten Rahmen die Möglichkeit geben, direkt und unmittelbar miteinander zu sprechen und so ihren angestauten Ärger loszuwerden;
• die Themen klären: Geschäftsführung/Unternehmensführung, Erbe, Streitparteien ...;
• nach den wirklichen Zielen und den nichtrechtlichen Aspekten des Falles fragen;
• „Lösungspakete" entwickeln, in denen jeder Seite wichtige Interessen erfüllt werden;
• gegebenenfalls mit den Beteiligten über die rechtlichen Stärken und Schwächen des Falls sprechen und die jeweils sehr optimistische Auffassung des jeweiligen Rechtsanwalts über den Ausgang des Streits in Frage stellen;
• die Konsequenzen eines langwierigen und blockierenden Gerichtsverfahrens für das Unternehmen und die Erben verdeutlichen.

Im Beispiel hätten die Beteiligten z. B. die Möglichkeit erörtern können, die Druckerei in Bereiche aufzuteilen und z. B. den Bruder für den Produktionsbereich, die Schwester für Marketing und Personal zuständig werden zu lassen. Denkbar wäre auch, eine Übergangslösung bis zum Abschluß des neuen Großauftrags zu schaffen und eine Vertagung der anschließenden Verhandlungen über die Unternehmensführung zu erreichen.

Weder diese Informationen noch diese Lösungsmöglichkeiten hätten im uns bekannten Rechtssystem zur Verfügung gestanden – weder für Rechtsanwälte noch für Richter: Rechtsanwälte erhalten vertrauliche Informationen nur von ihren Mandanten, über die Motivation und die Interessen der Gegenseite sind sie nicht informiert.

Richter und Richterinnen erhalten „prokrustesbettmäßig" von Rechtsanwälten zurechtgezurrte Sachverhalte, jedoch weder Informationen über
die eigentlichen Interessen der Parteien noch haben sie die Möglichkeit,
diese herauszufinden. Auch das sehr formale und ritualisierte Umfeld – Gerichtssaal, erhöhte Richterbank, Erheben beim Eintritt der Richterin, des
Richters, schwarze Roben – trägt nicht zu einer Atmosphäre für interessen-
und lösungsorientiertes Verhandeln im Gerichtssaal bei.

Durch die Verhandlungsmoderation des Mediators/der Mediatorin werden die Streitbeteiligten in die Lage versetzt, auch hochkomplexe Themen
selbst zu bearbeiten und gemeinsam interessengerechte Lösungen zu finden.

Hier, wie in allen Mediationsbereichen, besteht die Kunst des Mediators/
der Mediatorin darin, den Beteiligten zu helfen, sowohl für sich selbst zu
erkennen, was sie „eigentlich" wollen, d. h., warum sie was wollen, als auch
zu verstehen, was die Streitgegner wirklich wollen, welches Interesse diese
haben. Die klassische juristische Grundfrage „Wer will was von wem woraus?" wird zu „Wer will was von wem warum?".

Ist das „Warum?" offengelegt, kann häufig ziel- und interessenorientiert
eine für alle Seiten zufriedenstellende Lösung ausgehandelt werden.[2]

# 2. Anwendungsbereiche

### 2.1 Wirtschaftsmediation

Unterschieden werden kann zwischen Wirtschaftsmediation und Mediation
in der Arbeitswelt.

Unter dem schillernden Begriff „Wirtschaft" verbergen sich ganz unterschiedliche Anwendungsbereiche für Mediation:

„Wirtschaft" ist sowohl die Pommesbude an der Ecke als auch ein Groß-
konzern wie Opel oder VW. Konflikte können mit Personen oder Organi-
sationen außerhalb des Unternehmens („unternehmensextern") oder innerhalb eines Unternehmens („unternehmensintern") auftreten.

Zu „unternehmensexternen" Streitigkeiten können gezählt werden Konflikte zwischen Unternehmen, zwischen Unternehmen und Zulieferern,
zwischen Unternehmen und Verbrauchern. Unternehmensexterne Streitigkeiten von Unternehmen mit Behörden und Anwohnern – etwa in Plan-
feststellungsverfahren oder bei Genehmigungsverfahren für Anlagen,

---

2 „win win" – dazu: *Fisher*, Das Harvard Konzept, Frankfurt/M., New York 1991.

Emissionsschutz etc. – werden zu den öffentlichen bzw. Umweltmediationskonflikten gezählt.

Zu den „unternehmensinternen" Wirtschaftsmediationsfeldern gehören u. a. Streitigkeiten zwischen Unternehmensteilen in verschiedenen Ländern, zwischen Abteilungen, zwischen Geschäftsführern. Immer wichtiger und sehr erfolgreich werden Mediationen zur Regelung von Unternehmensnachfolgekonflikten, insbesondere in Familienunternehmen, praktiziert.

### 2.2 Mediation in der Arbeitswelt (Arbeitsmediation)

Der unternehmensinterne Bereich von Konflikten aus Arbeitsverhältnissen kann der Arbeitsmediation zugeordnet werden.

Arbeitskonflikte sind sowohl individuelle Streitigkeiten zwischen Arbeitgebern und Arbeitnehmern, Konflikte zwischen Arbeitnehmern derselben oder unterschiedlicher Hierarchieebenen als auch kollektive Streitigkeiten zwischen Betriebsrat und Arbeitgebern, zwischen Gewerkschaften und Arbeitgeberverbänden, z. B. in Tarifauseinandersetzungen.

## 3. Erfahrungen mit Arbeits- und Wirtschaftsmediation in den USA und in Deutschland

### 3.1 USA

In den USA wird Mediation sowohl im Arbeits- als auch im externen und internen Wirtschaftsbereich immer mehr eingesetzt. Dabei läuft mittlerweile die Mediation als Verfahren den anderen alternativen Konfliktbeilegungsverfahren den Rang ab. Die größten 200 US-Unternehmen (Fortune 200) haben sich gegenseitig in Mediationsklauseln verpflichtet, vor gerichtlichen Streitigkeiten zunächst eine Mediation zu versuchen. Eine Vereinigung von Franchisegebern hat das „national franchise mediation program" ins Leben gerufen, das Konflikte zwischen Franchisegebern und deren Franchisenehmern mediiert. Zu den Gründungsmitgliedern gehören Burger King, Holiday Inn Worldwide, McDonald's, Pizza Hut. Zehn große Nahrungsmittelanbieter haben sich gegenseitig in Verträgen verpflichtet, ihre Marken-, Verpackungs- und Marketing-Streitigkeiten in Mediationen zu bearbeiten. Einige Versicherungsunternehmen, die bisher auf Schiedsgerichtsverfahren zurückgegriffen hatten, begannen, vor den Schiedsgerichts- oder Gerichtsverfahren Mediationen anzubieten. Gleiches gilt für Rückversicherer.[3]

Die größeren amerikanischen Anwaltskanzleien verfügen über eigene Abteilungen, die alternative Konfliktbeilegungsverfahren anbieten. In einigen Bundesstaaten, so z. B. in Florida, ist zivilrechtlichen Gerichtsverfahren verpflichtend eine Mediation vorgeschaltet, z. T. auch ohne Streitwertbegrenzung. Anhängige Gerichtsverfahren können für die Dauer des Mediationsverfahrens unterbrochen werden. Auf diese Weise werden Wirtschaftskonflikte häufig auch nach Einleitung von Gerichtsverfahren noch durch (z. T. unfreiwillig eingeleitete) Mediationen gelöst. Die Erfolgsquote für Wirtschaftsmediationen liegt insgesamt bei etwa 60–70 % und zwar unabhängig davon, ob die Beteiligten die Mediation selbst einleiten oder ob sie vom Gericht zu einer Mediation „bestellt" worden waren.[4]

Die Mediationen werden entweder im Gericht oder bei Privatmediatoren außerhalb der Gerichtsräume durchgeführt. Mediatoren müssen nicht unbedingt Juristen sein. Ich hatte Gelegenheit, an mehreren gerichtsverbundenen Mediationsverfahren in „small claims"-Fällen mit einem Streitwert von weniger als 1 500 USD als Beobachterin teilzunehmen – die Mediatoren kamen aus allen möglichen Stammberufen, hatten eine fundierte (in diesem Falle universitäre) Mediationsausbildung erfahren und wurden in ihrer Mediationstätigkeit noch von einem Ausbilder begleitet, der in den Pausen zwischen den Mediationssitzungen feed back über das mediative Vorgehen gab.

Bei einigen vom Gericht zugewiesenen Mediationen, so z. B. beim „Multidoorcourthouse"-Projekt in Washington D.C., muß bei Streitwerten über 1500 USD der Mediator oder die Mediatorin eine erfolgreiche Absolvierung einer Mediationsausbildung sowie Praxiserfahrungen nachweisen und Jurist sein.

In mehreren großen Unternehmen, so z. B. bei der Firma Motorola, der Firma Levi's Jeans und bei Brown & Roots, einer Baufirma, wurden in den letzten Jahren „Alternative Dispute Resolution Systems" – alternative Streitbehandlungssysteme – geschaffen. Auf die jeweilige Situation des Unternehmens maßgeschneidert wurden hier in Zusammenarbeit zwischen Rechtsabteilung, Geschäftsführung und externen Konfliktberatungsfirmen konfliktnahe Bearbeitungswege installiert. Diese Konfliktbearbeitungssysteme sind flexibel. Sie können schnell wandelnden betrieblichen Gegebenheiten und Bedürfnissen angepaßt werden. Die „Eingangsstufe" in

---

3 Vgl. *Singer*, Settling Disputes, Boulder, Co, 1994, S. 76 f.
4 Vgl. *Brett/Barsness/Goldberg*, Effectiveness of Mediation, negotiation journal 1996, 259 ff.

das Konfliktbehandlungssystem für Arbeitskonflikte bei der Firma Brown & Roots ist z. B. eine allen Mitarbeitern zugängliche Telefon-Hotline, über die sie sich bei einer dazu ausgebildeten „Ombudsperson" über die Situation beschweren können. Die Ombudsperson erarbeitet mit den Betroffenen gemeinsam die weitere Verfahrensweise. Einen der Bearbeitungswege bildet die überwiegend von der Geschäftsleitung finanzierte externe Mediation bei einem Mediator/einer Mediatorin nach eigener Wahl der Mitarbeiter.

Die Konfliktbearbeitungskosten liegen insgesamt danach bei Mediation um mehr als 50 % niedriger als bei Gerichtsverfahren.[5]

### 3.2 Und in Deutschland?

Unser gesamtes Rechtssystem ist mit dem amerikanischen nicht zu vergleichen.

Gerichtsverfahren dauern aber auch in Deutschland lange, sind teuer, und häufig ist ihr Ausgang nicht eindeutig vorhersehbar (wie auch das allseits bekannte Sprichwort: „Vor Gericht und auf hoher See ..." anklingen läßt). Einer längerfristigen Geschäftsbeziehung ist ein Gerichtsverfahren auch hier meist nicht förderlich. Und: Das rechts- und anspruchsorientierte Gerichtsverfahren vermag nur mit „Ja" oder „Nein" über geltend gemachte Rechtsansprüche zu entscheiden oder – im Ausnahmefall – in einem Vergleich einen Anspruchskuchen zu zerteilen.

In einer – interessenorientierten – Mediation kann auch eine ganz neue, andere Lösung gefunden, ein „neuer Kuchen" gebacken werden.

In bereits seit Jahren bestehenden Schlichtungsverfahren wird, z. T. sehr erfolgreich, auch in Deutschland versucht, außergerichtliche Konfliktbearbeitung konfliktnah (z. B. über Industrie-und Handwerkskammern) anzubieten. Es handelt sich bei den bereits seit langem existierenden Verfahren jedoch traditionsgemäß meist um sehr rechts- und weniger interessenorientierte Vorgehensweisen. Die Schlichter und Schlichterinnen besitzen meist eine ausgeprägte inhaltliche Fach- und Branchenkenntnis, nicht aber die für die Mediation ebenso entscheidende Verfahrens-Kommunikationskompetenz. Auch in diesem Bereich kann durch entsprechende Mediations-Trainings die Qualität der vorhandenen Schlichtungsstellen noch verbessert werden.

........................

5 Vgl. *Stucki*, Erfahrungen mit alternative dispute resolution in der Rechtsabteilung eines großen Unternehmens, Arbeitsunterlage Kölner Verhandlungs- und Mediationstage 1997, Köln 1997, S. 17.

Im arbeitsrechtlichen Bereich existiert in Deutschland ein sehr ausdifferenziertes Verfahrensdesign, das durch das duale System von Betriebsräten und Gewerkschaften über Einigungsstellenverfahren, Beschlußverfahren und Tarifschlichtung einige mediative Elemente und Schiedsgerichtsverfahren enthält.

Dennoch sind auch diese deutschen Verfahren ganz überwiegend rechts- und nicht interessenorientiert. Gefragt wird: Wer hat Recht? – Ist dieser Anspruch rechtmäßig? – und weniger: Wie kann ein Interessenausgleich für die Zukunft gefunden werden? Oft befindet sich, wenn das klassische rechtliche Verfahren eingeleitet wird, der Konflikt auf einer hohen Eskalationsstufe. Die Positionen sind verhärtet. Es ist daher zu fragen, warum nicht im Vorfeld zu den bewährten klassischen Verfahren Eingangsstufen mit interessenorientierten Verfahren, wie das moderierte Verhandlungsgespräch mit einer Mediatorin, einem Mediator vorgeschaltet werden. Es könnten unternehmensnah (unternehmensintern von externen Mediatoren oder von Industrie- und Handels- oder Handelskammern) Konfliktbearbeitungswege vor dem Anrufen der klassischen Stellen angeboten werden. Auch wäre es vorstellbar, Mediationen in Arbeitsgerichten, vor oder anstelle der Güteverhandlung, von Mediatoren durchführen zu lassen. Dies könnte zu einer weitaus schnelleren und für alle Beteiligten sowie für die Justiz kostengünstigeren Bearbeitung und Lösung einer Vielzahl von Streitigkeiten führen.

Die Mediationspraxis im Bereich Arbeit/Wirtschaft erfährt erst in den letzten Monaten einen beachtlichen Aufschwung. Ergab eine Umfrage 1996 auf den ersten Mediationstagungen, daß nur sehr vereinzelt und in „kleinen" Fällen Mediationserfahrungen in Deutschland gesammelt worden waren, ergibt sich 1998 schon ein – wenn auch immer noch nicht riesiger – Fundus an Mediationserfahrungen. Es wird von gelungenen Mediationen bei Verhandlungen zwischen Betriebsrat und Arbeitgeber, im Vorfeld von Einigungsstellen und von erfolgreichen Mediationen zwischen zerstrittenen Familienmitgliedern im Zusammenhang mit Unternehmensnachfolgeregelungen, über Fälle des gewerblichen Rechtsschutzes und über Fälle der Mediation bei Fragen des geistigen Eigentums (Urheberrechtsschutz) berichtet.

Mit jeder gelungenen Mediation wächst das Interesse an Mediation in Wirtschaft und Arbeitswelt weiter.

Dennoch ist in diesem Bereich noch sehr viel „Marketing-Arbeit" zu leisten, um auch die Abnehmerseite von den vielfältigen Vorteilen der Mediation zu überzeugen.

# 4. Falleignung für die Mediation

Grundsätzlich sind alle Streitigkeiten im Wirtschaftsbereich mediationsgeeignet. Eine Ausnahme bilden Streitigkeiten, bei denen eine Grundsatzentscheidung eines Gerichts für folgende Verfahren benötigt wird. Auch in Fällen, in denen eine Seite aufgrund eines großen Machtungleichgewichts der anderen quasi ausgeliefert ist, muß ggf. von einer Mediation abgesehen und auf das Gerichtsverfahren als bessere Alternative zurückgegriffen werden. Inwieweit der Mediator/die Mediatorin durch aktives Eingreifen den Schutz der schwächeren Seite gewährleisten muß, ist umstritten.

In jedem Fall kann und darf der Rechtsweg durch Mediation nicht ausgeschlossen werden. Sowohl der Weg zur Zivil- als auch zur Arbeitsgerichtsbarkeit bleibt vor und während einer Mediation eröffnet.

# 5. Mediationsablauf und -stile in der Wirtschaftsmediation

Auch in der Wirtschaftsmediation ist ein fünf- bis siebenstufiger Ablauf idealtypisch vorgesehen. In der Einführungsphase (I) informiert der Mediator/die Mediatorin über das Mediationsverfahren, erklärt die „Spielregeln" und handelt mit den Beteiligten gemeinsam den „Mediationsvertrag" aus, in dem Thematik, voraussichtlicher Umfang, Kosten, Verschwiegenheitsverpflichtung und das Zeugnisverweigerungsrecht des Mediators/der Mediatorin geregelt werden.

In der zweiten Phase werden die streitigen Punkte identifiziert, indem alle Beteiligten die Möglichkeit haben, die Kernpunkte des Streits aus ihrer Sicht zu erklären.

In den USA schließen sich bei vielen Wirtschaftsmediatoren an die Vorstellung der Beteiligten getrennte Einzelsitzungen (sog. Caucus) an. Erst nachdem die Mediatoren in getrennten Einzelgesprächen Motive und Beweggründe der Parteien erfahren haben (Konflikterhellung – von den Positionen zu den Interessen, Phase III), wird in der nächsten Phase (IV) versucht, eine Lösung zu entwickeln und anschließend auszuhandeln (V), auch dies häufig getrennt, mit dem Mediator als Boten oder „shuttle". Durch die Art der Präsentation der Vorschläge der Beteiligten können die Mediatoren großen Einfluß auf das Verhandlungsergebnis nehmen. Die Methode der getrennten Einzelsitzungen ist daher sehr umstritten. Sie gibt Mediatoren große Macht und Kontrollmöglichkeit über das Verfahren und somit große Verantwortung. Die Beteiligten erfahren nicht von Angesicht zu Angesicht über die Interessen des „Gegners". Ein wirkliches Verständnis für die Gegenseite kann so kaum erreicht werden.

Dennoch kann es verfahrene Gesprächssituationen geben, in denen der „caucus" als ultima ratio aus dem Festgefahrenen herausführt und den Durchbruch zu einer Lösung bringt.

Abschluß bildet die Mediationsvereinbarung (VI), die in der Regel schriftlich in Form eines Vertrages abgeschlossen wird.

## 6. Die Rolle des Rechts in der Wirtschaftsmediation

Wirtschafts- und Arbeitsplatzkonflikte bewegen sich in einem komplizierten, rechtlich detailliert geregelten Umfeld. Bei Wirtschafts- und Arbeitsmediationen ist meist absehbar, daß bei Nicht-Einigung der Beteiligten ein Gerichtsverfahren eingeleitet oder fortgesetzt werden wird. Für die Arbeits- und Wirtschaftsmediation ist rechtliche Beratung der Parteien daher unabdingbar. Umstritten ist, inwieweit Mediatoren selbst diesen juristischen Sachverstand besitzen, d. h. ausgebildete Juristen/Anwälte sein müssen.

## 7. Gebühren – money makes the world go around …

Wirtschaftsmediationen werden nach Stunden- oder Tagessätzen abgerechnet, in Ausnahmefällen auch nach dem Gegenstandswert. Die Stundenhonorare richten sich nach der Schwierigkeit der Angelegenheit, der Anzahl der Beteiligten, der Finanzkraft des Auftraggebers sowie dem Ruf und der Erfahrung des Mediators/der Mediatorin.

Anwaltsmediatoren rechnen die Formulierung und Überprüfung der Mediationsvereinbarung häufig daneben nach dem Gegenstandswert ab, sofern sie dies im Mediationsvertrag mit den Beteiligten vorher vereinbart hatten.

## 8. Vernetzung von Mediatoren und Mediatorinnen in der deutschen Wirtschaft

Seit Oktober 1996 haben sich Mediatorinnen und Mediatoren und an Wirtschaftsmediation Interessierte in einem „Bundesverband für Mediation in Wirtschaft und Arbeitswelt e. V." zusammengeschlossen. Der Bundesverband beabsichtigt, die Idee der Arbeits- und Wirtschaftsmediation einer breiteren Öffentlichkeit vorzustellen. Alle natürlichen Mitglieder des Verbandes haben sich verpflichtet, den Richtlinien des BMWA e. V. entsprechend als Mediator oder Mediatorin tätig zu sein. Der Verband besteht derzeit aus über 100 Mitgliedern aus juristischen, psychologischen, sozialen und betriebswirtschaftlichen Berufsfeldern. Die Mitgliederzahl steigt mit dem wachsenden Interesse an Wirtschaftsmediation ständig. Ziel des Verbandes ist es, dafür Sorge zu tragen, daß Wirtschafts- und Arbeitsmediation in Deutschland auf einem hohen Niveau stattfinden kann. Dazu werden Fort- und Ausbildungsstandards in Kooperation mit anderen Vereinigungen erarbeitet.

Der Verband gibt einen newsletter heraus und berichtet über aktuelle Entwicklungen im Bereich der Wirtschaftsmediation und der Mediation im Erwerbsarbeitsbereich in einer neu erscheinenden Fachzeitschrift im Rudolf Haufe Verlag.

Ebenfalls seit 1996 haben verschiedene Tagungen und Veranstaltungen zum Thema Mediation auch im Arbeits- und Wirtschaftsbereich stattgefunden: Auftakt bildete die oben genannte Veranstaltung der Heinrich-Böll-Stiftung. Ende 1996 wurde eine Veranstaltung mit dem Titel „Mediation" unter Leitung von Prof. Haft (Universität Tübingen) und Rechtsanwalt Dr. Reiner Ponschab (München) veranstaltet.[6] Eine weitere sehr erfolgreiche nationale Mediationstagung fand 1996 ebenfalls unter Leitung von Prof. Haft und Dr. Ponschab, diesmal in Tübingen, statt. Ende 1997 folgten dann die „Kölner Verhandlungs- und Mediationstage", zu beiden Tagungen wird es Dokumentationen geben.

International sind vor allem zwei deutschsprachige Mediationstagungen in Klagenfurt, Österreich zu nennen, die dem neuen Bereich der Wirtschaftsmediation ebenfalls breiten Raum einräumten, Dokumentationen: „Die Welt der Mediation", Klagenfurt 1996 und 1997.

# 9. Aus- bzw. Fortbildung

Der Bereich der Wirtschaftsmediation ist in Deutschland bislang noch nicht berufsrechtlich normiert. Die Bezeichnung „Mediator/Mediatorin" ist nicht geschützt. Unzweifelhaft kann nach der neuen Berufsordnung der Rechtsanwälte ein Rechtsanwalt oder eine Rechtsanwältin im Rahmen der anwaltlichen Tätigkeit Mediation ausüben. Mediation ist ein Verfahren, das sich qualifiziert nicht ohne eine Fortbildung, vor allem in praktischen Fer-

---

6 Vgl. *Breidenbach/Henssler (Hrsg.)*, Mediation für Juristen, Köln 1997.

tigkeiten erlernen läßt. Rechtsanwälte sind nicht per se durch ihre universitäre Ausbildung dazu befähigt, Mediation auszuüben. Im Gegenteil: Juristen fällt es wegen der bislang einseitig am Richterbild und an rechtsorientierten Verfahren ausgerichteten Juristenausbildung häufig schwerer als Nicht-Juristen, mediativ tätig zu sein. Es gilt also, den Horizont zu erweitern, kreative, auch nicht-rechtsorientierte Lösungen mit den Beteiligten zu (er-)finden.

Dies kann gelernt werden, und es macht Spaß!

Es gibt bislang einige Fortbildungsinstitute in Deutschland, davon jedoch nur wenige, die auf Wirtschaftsmediation spezialisiert sind. Es werden Einzel-Workshops von amerikanischen und deutschen Trainern und Trainerinnen angeboten. Ein einheitliches Curriculum oder eine staatliche Anerkennung für eine Fortbildung zum Wirtschaftsmediator/zur Wirtschaftsmediatorin gibt es (noch) nicht.

Ab 1999 soll für Juristen die Möglichkeit bestehen, in die Grundlagen der Mediation per Fernstudium an der FernUniverstiät Hagen eingeführt zu werden. Mit Hilfe von Praxisbegleitseminaren soll auch in die Mediationspraxis eingeführt werden.

Eine Liste mit Fortbildungsinstituten kann über den Bundesverband für Mediation in Wirtschaft und Arbeitswelt gegen Einsendung eines frankierten Rückumschlags angefordert werden. Auch die neu erscheinende Zeitschrift wird regelmäßig über Fortbildungsmöglichkeiten für Wirtschaftsmediatoren informieren.

# 10. Ausblick

Der Bereich der Mediation in Wirtschaft und Arbeitswelt in Deutschland ist noch sehr jung und gleichzeitig sehr entwicklungsfähig. Nach meiner Prognose handelt es sich auch in Deutschland um eine „schlafende Riesin", die allerdings noch etwas fester zu schlafen scheint als die amerikanische.

Um auch die „Verbraucher" von Mediation: Unternehmer und Unternehmerinnen, Arbeitnehmer und Arbeitnehmerinnen, Versicherungen, Gerichte und Anwälte und Anwältinnen von dieser attraktiven Alternative zu überzeugen, muß vor allem die Qualität des Mediationsverfahrens durch eine fundierte Aus- oder Fortbildung von Mediatoren gesichert werden. Es gilt noch klarer zu fassen, welche Fähigkeiten Mediatoren in Arbeit und Wirtschaft außer Belastungsfähigkeit, Humor, systematischem Denken, sprachlich präziser Formulierungsgabe, schneller Auffassungsfähigkeit und Empathie noch brauchen. Umstritten ist insbesondere, ob „Mediation

= Anwaltssache" – so das Motto einer Arbeitsgruppe beim Deutschen Anwaltstag 1997 in Frankfurt/M. – ist bzw. in welchem Umfang Rechtskenntnisse, Fach- und/oder Branchenkenntnis zur erfolgreichen Wirtschaftsmediationstätigkeit gehören.

Schließlich ist auch die Richtung zu bestimmen: Ist Mediation ein ergebnisorientiertes Verfahren als Alternative zur (Zivil-)Justiz oder Mittel für gesellschaftliche Transformation?, so die derzeit mit Vehemenz geführte Transformations-Ansatz-Debatte in den USA.[7]

Mediation als Chance, sich selbst neu zu erfahren, anerkannt und „empowert" (ermächtigt) zu werden, „in die Mokassins" des Gegners zu steigen, das Herz zu öffnen und Frieden zu schaffen, unabhängig vom Ergebnis der Mediation?

Mein Weg jedenfalls liegt irgendwo dazwischen: Ich bin davon überzeugt, daß Mediation nicht als reine Technik „funktioniert", daß zu einem wachen Verstand der Mediatoren ein sehr offenes Herz gehört. Mediatorin sein ist – für mich – so ein zwar sehr anstrengender, aber auch ein sehr befriedigender und schöner – neuer – Beruf.

---

7   Vgl. *Bush/Folger*, The Promise of Mediation, 1995.

# Mediation in der Schule

ANGELA MICKLEY

# Mediation in und mit einer siebenten Klasse in der Gesamtschule

## 1. Einleitung

Innerhalb des Berliner Pilotprojektes „Mediation an Schulen" (1993–1995) führte ich in einigen Klassen und mit zahlreichen Schülern akute Fallmediationen durch. Einige dieser Mediationen entstanden spontan aus einem vorbereitenden Mediationsgespräch in der jeweiligen Klasse, andere wurden von den beteiligten oder betroffenen LehrerInnen und SchülerInnen angefragt und dann mit den entsprechenden Konfliktpartnern durchgeführt.

Der Fall, den ich genauer schildern möchte, wurde aus einer spontan identifizierten Notwendigkeit heraus behandelt, die nicht von dem Klassenlehrer, sondern von den Fachlehrern in einer siebenten Klasse gesehen wurde.

Die Besonderheit lag hier in einer durchgehend gemischten Bearbeitungsform, die ich in der Form vorher nie durchgeführt hatte. Angekündigt wurde der Konflikt als eine Schwierigkeit, die alle in der Klasse unterrichtenden LehrerInnen mit dieser Klasse hätten. Die Gelegenheit, mich für Mediation an Schulen gerade vor Ort zu haben, sollte nach Ansicht einiger LehrerkollegInnen genutzt werden. Aus dieser Definition eines Teils des Lehrerkollegiums ergab sich in einem kurzen vorbereitenden Gespräch der Eindruck, daß die SchülerInnen der Klasse miteinander und mit den unterrichtenden LehrerInnen Schwierigkeiten hätten, daß es zu Gewalttätigkeiten gekommen und ein kontinuierlicher Fachunterricht in dieser Klasse nicht mehr möglich wäre. Zu dieser ersten Konfliktidentifikationsstufe kam in einem zweiten Schritt die Information, daß ein Teil der Schwierigkeiten in der Klasse auf konkrete Auseinandersetzungen zwischen einzelnen Schülern zurückzuführen sei. In einem dritten Schritt, der bereits in der Klasse stattfand, wurde die insgesamt als schwierig und „nicht mehr auszuhaltende" Situation von den Schülern der Klasse als bearbeitungsbedürftig bezeichnet. Zu dieser letzten Stufe gehörte das Mediationsgespräch, das ich mit der gesamten Klasse führte und das ich wiederum in einzelne Bearbeitungsschritte aufteilte.

## 2. Ausgangssituation

Die Klasse mit gleicher Anzahl Mädchen und Jungen war entsprechend der berlinspezifischen 6jährigen Grundschulzeit nach den Sommerferien neu zusammengestellt worden. Von August bis Oktober hatte sich eine von den Lehrern durchgehend als destruktiv bezeichnete Eigendynamik im Klassenverband entwickelt. Diese Entwicklung war beobachtet und beklagt worden. Nur wenige Lehrerinnen hatten erfolglos versucht, dieser Entwicklung entgegenzuwirken. Zwar besserte sich ihre Beziehung zu den Schülern, die Klassensituation aber nicht. Der Klassenbetreuer selbst hielt offensichtlich wenig von seinen Schützlingen und bezeichnete sie als „das Zusammengefegte" und als kaum zu disziplinierende Gruppe von Schülern. Im Kollegium wurde er allgemein als pädagogisch nicht besonders befähigt eingeschätzt, und er selbst bemühte sich nicht um eine Bearbeitung der eindeutig als schwierig diagnostizierten Situation in seiner Klasse. Er war letztendlich erst in der dritten und damit letzten gemeinsamen Doppelstunde in der Klasse anwesend, dies auch nur auf dringende Nachfrage, und zeigte während seiner Beobachtung des Geschehens in der Klasse die eigene Einschätzung der konstruktiven Möglichkeiten mit deutlich negativer Mimik und Körpersprache. Seine verbalen Kommentare hielt er zu diesem Zeitpunkt zurück und respektierte damit die Vereinbarung, die er vorher mit mir getroffen hatte. Zwei in der Klasse auch unterrichtende LehrerInnen hatten an diesem Mediationsseminar des Gesamtkollegiums teilgenommen und sahen den sozialen Wildwuchs in dieser siebenten Klasse als wenigstens teilweises Verschulden des Klassenbetreuers an. Sie legten Wert darauf, während des gesamten Mediationsprozesses in der Klasse anwesend zu sein und nutzten ihre Beobachtungszeit zur deutlich positiven nonverbalen Unterstützung des sich allmählich immer konstruktiver entwickelnden gemeinsamen Gesprächs zwischen der Klasse und mir.

## 3. Struktur der Gespräche

Geplant waren sechs Einzelstunden Deeskalation und Mediation mit dieser als besonders schwierig bezeichneten Kerngruppe. Das System von mehreren Themen- und Übungsstunden in einer Klasse hatte sich im Rahmen des

Projekts in der Schule bewährt und gab den Schülern einzeln oder als Klassenverband die Möglichkeit, sich mit den Inhalten und Methoden des deeskalierenden Verhaltens in Gewaltsituationen und der Mediation vetraut zu machen und sie in Ansätzen bereits auszuprobieren. Die Schüler der jetzt betroffenen Klasse kannten weder die Begriffe „Deeskalation" und „Mediation", noch hatten sie diese Verfahren in der Schule oder außerhalb kennengelernt. Mich kannten sie allenfalls vom Sehen, wir hatten aber noch nicht miteinander gearbeitet. Mit den Lehrern war abgesprochen, daß die erste Stunde als Versuch angesehen werden sollte, mit der Klasse ins Gespräch zu kommen und eine gemeinsame Richtung in der Bearbeitung zu finden. Dies hing allerdings davon ab, ob die Schüler sich auf diese Form der Bearbeitung und auf mich als Person einlassen würden und Bereitschaft zeigen, an ihrer Situation etwas zu verändern. Die zur Verfügung stehende Zeit von sechs Schulstunden hielt ich zwar für knapp, hatte aber in vorhergehenden Bearbeitungen mehrfach erlebt, daß auch in kurzer Zeit entscheidende Impulse gelegt werden konnten. In vielen Fällen hatten sich die Schüler auf diese Anfangsbearbeitung hin zu einer weitergehenden Seminararbeit entschieden.

## 4. Gesprächssituation in der Klasse

In der kleinen Pause vor Beginn der ersten gemeinsamen Stunde herrschte in der Klasse deutlich Unruhe. Der Kerngruppenleiter selbst war nicht anwesend, die beiden mich begleitenden LehrerInnen waren in der Klasse bekannt und wurden freundlich begrüßt.

Als fremde Person an der Schule wurde ich mit einigem Interesse begrüßt, die Schüler zeigten im folgenden jedoch deutliches Desinteresse und Unverständnis für das vorgeschlagene Thema: **Verhalten in gewaltgeprägten Situationen, wie kann ich Hilfe für mich selbst und andere leisten oder herbeiholen?** Diese Thematik war in anderen Klassen mit viel Engagement anhand eigener Negativerfahrungen der Schüler in Rollenspielen und anderen Formen bearbeitet worden.

Ich durfte mich jedoch zu den Schülern setzen und hörte mir eine Weile den wohl in der Klasse üblichen Umgangston an: Sie beschimpften sich gegenseitig mit Ausdrücken unterschiedlichster Obszönität, die jeweils sofort in noch gesteigerter Form erwidert wurden, und schienen sich innerhalb kürzester Zeit zu immer negativeren Eskalationsstufen zu steigern. Auf meine Nachfrage bestätigten alle gerade Beteiligten, daß diese Wortwahl dem üblichen Umgangston in der Klasse entspräche und „sowieso nichts daran zu ändern wäre, da mit den betreffenden Mitschülern überhaupt nichts geregelt werden könnte!".

An dieser Stelle wies ich noch einmal (laut genug) auf meine mögliche Rolle in der Klasse hin: Hilfe zur selbständigen Gestaltung eines verbesserten Umgangstons und Unterstützung der Entwicklung einer Streitkultur zu geben. Ich bat die von allen eindeutig identifizierten Hauptstreitenden, sich mit ihren Stühlen zu mir in die Mitte des Stuhlkreises zu setzen. In der Dynamik des gegenseitigen Beschimpfens war deutlich geworden, wo die Hauptkonfliktpunkte in der Klasse lagen und wie die Schüler untereinander mit Beschuldigungen, Erpressungsversuchen und Handgreiflichkeiten umzugehen gewohnt waren. Deutlich wurde auch, daß die Schüler eine resignative Grundhaltung angenommen hatten und von ihren Lehrern kaum eine Verbesserung ihrer Lage erwarteten. Eigene Konfliktbewältigungsmethoden konnten sie nicht oder nicht in der Klasse anwenden. Sie begannen sehr spontan, mit verbaler Aufforderung und nonverbaler Unterstützung – indem ich die Stühle für die beiden schnell in den Kreis zog und sie bat, darauf Platz zu nehmen – die erste Mediation in dieser Klasse. Die beiden Konfliktbeteiligten, ein Mädchen und ein Junge, und die nun zuschauenden Schüler fragte ich, ob sie gemeinsam eine andere Form als die bisher bekannte für ihre Streitbehandlung ausprobieren wollten.

Ich erklärte kurz das Verfahren und achtete sehr darauf, das Selbstwertgefühl der direkt Konfliktbeteiligten und der anderen Schüler intensiv verbal und nonverbal positiv zu bestätigen. Schließlich wollten sie alle gern die Mediation ausprobieren. Neben den beiden Konfliktbeteiligten waren vierzehn weitere SchülerInnen anwesend, die jeweils ihren befreundeten Hauptkontrahenten auf Nachfrage Unterstützung geben wollten oder sich bereiterklärten, unterschiedliche Beobachtungsaufgaben zu übernehmen. Alle waren auf Anfrage auch erstaunlich schnell bereit, die vorher reichlich in der Klasse herumfliegenden Flüche und Obszönitäten zu unterlassen und sie durch den selbstgewählten Ausdruck „schlimme Worte" zu ersetzen. Dies hielten sie mit erstaunlicher Konsequenz im gesamten Mediationsgespräch aufrecht.

Nach sehr knappen Erläuterungen des Gesprächsaufbaus in der Mediation bat ich um Einverständnis aller Teilnehmenden mit den Regeln (zuhören, respektvoll ansprechen, ausreden lassen, keine Handgreiflichkeiten) und wies auch gleich darauf hin, daß für die Regelbeachtung besondere Aufsicht verabredet werden könnte. Eine konstruktive Verzögerung des vorher deutlichen Eskalationsprozesses entstand durch folgende Fragen:
• Wer paßt auf mögliche Regelverletzungen auf?
• Wer ermahnt die Störer bzw. erinnert an die vereinbarten Regeln?
• Wie wird Fehlverhalten behandelt?

Diese Rollen wurden nicht etwa mir überlassen, sondern von den unterstützenden Schülern übernommen und so aufgeteilt, daß die beiden Hauptkontrahenten ausschließlich von ihren jeweiligen Freunden ermahnt werden durften. Hier wurden drei wichtige Momente für die beginnende Konstruktivität des Gespräches deutlich:

1. Es wurde ein Bewußtsein für den beginnenden Prozeß geweckt.
2. Es gelang ein Verlangsamen der eskalierenden Verhaltensmomente.
3. Das Ziel und der mögliche Nutzen dieses begonnenen Gespräches, nämlich die Verbesserung der Situation in der Klasse, wurde deutlich.

## 5. Phasen der Konfliktbearbeitung

In der Praxis von Mediationen in Schule, Verwaltung und Politik hat sich eine Vier-Phasen-Struktur bewährt. Die Kontrahenten erhalten dabei ausreichend Raum,

• den gemeinsamen Konflikt zu schildern, die Rahmenbedingungen zu benennen und ihre Gesprächsbereitschaft zu (er-)klären;
• ihren betroffenen Gefühlsbereich (auch gegenseitig) zu erhellen;
• die individuellen Bedürfnisse, Interessen und Wünsche für die Schadensregelung und zukünftige Beziehungsgestaltung zu entwickeln;
• um gemeinsam zu verhandeln.

**Phase I – Problemdarstellung**

Die beiden Kontrahenten deutsch-türkischer Herkunft erzählten nacheinander den bisherigen Streithergang, bei dem es innerhalb und außerhalb der Klasse zwischen verschiedenen Schülern zu verbalen und massiven tätlichen Auseinandersetzungen gekommen war, sogar mit schweren Verletzungen. Die Mitschüler ergänzten und korrigierten die Berichte, die den Streitenden zugeordneten Helfer achteten jeweils auf die Einhaltung der Regeln und griffen sehr schnell ein, wenn einzelne Regeln verletzt wurden.

In den Zusammenfassungen betonte ich a) die von beiden als ähnlich schwierig empfundenen Streitinhalte, benannte b) die unterschiedlichen Streitpunkte und beleuchtete c) die bereits von beiden angesprochenen und, wenn auch sehr verklausuliert, geäußerten Zukunftswünsche: Der soll micht nicht so angaffen, die kann ja nur zuhauen, in dieser Klasse läuft sowieso nichts, ich will gar nicht hören, was der/die wieder Blödes erzählt usw. Einige Äußerungen waren in der Formulierung noch wesentlich negativer.

In den Umformulierungen wurden folgende Formen benutzt:
Ihr wollt respektvoll angesprochen werden.
Ihr ärgert euch beide über Bemerkungen zu euren Familien.
Ihr setzt euch beide für die Ehre eurer Freunde und eurer Familie ein.
Ihr seid euch einig darüber, daß man auf solche verletzenden Äußerungen sofort reagieren muß, und ihr handelt beide bei Bedarf sehr schnell.

In der Lebhaftigkeit, mit der die Klassenkameraden auf Äußerungen reagierten, wurde deutlich, wie sehr dieser einzelne Konflikt in die Gesamtproblematik der Klassengemeinschaft eingebunden war. An dieser Stelle erwies es sich als sinnvoll, mit den beiden Hauptkontrahenten eine Zwischenvereinbarung zu erarbeiten und von dieser ersten Mediation mit nur zwei Konfliktgegnern in eine zweite Mediation mit der ganzen Klasse überzugehen. Die beiden Hauptkontrahenten waren bereit, ihre persönliche Regelung in die Gesamtklassenregelung einzubetten, wenn für beide zufriedenstellende Vereinbarungen gefunden würden. Dies wurde im folgenden auf die Zeit nach dem Gesamtklassenprozeß vertagt. Die von dem Mädchen angesprochenen Bedrohungen und Erpressungen durch ihren Konfliktgegner (nachdem er selbst sie abgestritten hatte) wurden von einem sonst stillen Mitschüler kurz und bestimmt bestätigt. Das veränderte den Gesprächsverlauf konstruktiv.

Hier zeigte sich auch die Besonderheit dieses Mediationsgespräches, das direkt von einer ersten Problemdarstellung zweier Beteiligter in die Gesamtbearbeitung einer ganzen Klasse überging. Dies wurde dadurch erleichtert, daß die Klasse anwesend war, die schweren Tathergänge bekannt und noch einmal angesprochen waren und ohne Verzögerung der bereits begonnenen Gesprächsverlauf fortgesetzt werden konnte.

### Phase II – Gefühlshintergrund/Betroffenheit einzelner

In dieser Phase wurden die Gefühlsinhalte, die bereits am Anfang heftig genannt worden waren, weiter erläutert, und es erwies sich als nötig, ständig zwischen intensiver Bestätigung und dringend erforderlicher Neuformulierung zu wechseln. Am Schluß wurden die unterschiedlichen und die gemeinsamen Gefühlsinhalte, Vorwürfe und die kaum sichtbaren Zukunftsperspektiven für alle an der Tafel sichtbar zusammengefaßt.

In einer weiteren an einem anderen Tag stattfindenden Unterichtsstunde, in der wir inhaltlich direkt an die bereits geleistete Arbeit anschlossen, nannten die Schüler unangenehme Äußerungen in der Klasse, auf die sie jeweils heftig, verbal oder tätlich reagiert hatten. Dies wurde alles auf der linken inneren aufgeklappten Tafelseite gesammelt, bis diese vollgeschrieben war. Dann überlegten alle gemeinsam, was daran als besonders schlimm oder unerträglich erlebt wurde und bemerkten, daß alle in der Klasse mit dieser Situation äußerst unzufrieden waren. Für eine Verbesserung sahen die meisten keine guten Chancen, wollten aber – auf intensives Erfragen ihrer Bedürfnisse – die gegenwärtige Situation nicht länger erdulden müssen. Auf Nachfrage, wie sie sonst zu den Dingen kommen, die sie sich wünschen, oder wie sie ihre Eltern, Geschwister und Freunde zu anderen Verhaltensweisen bewegen, nannten sie allmählich zahlreiche positive Beispiele: So konnten wir direkt zur dritten Phase der Ideen und sozialen Phantasie übergehen, in der die Möglichkeiten, in der eigenen Klasse etwas bewußt anders und besser zu gestalten, detailliert aufgeführt wurden.

## Phase III – Ideen, soziale Phantasie

Nach anfänglich rein negativ formulierten Wünschen (der/die soll nicht mehr ... sagen oder tun) konnten schließlich auf der rechten inneren Tafelseite Ideen gesammelt werden; sie bezogen sich auf gewünschte Klassenatmosphäre, Verhaltensweisen der Mitschüler und die Ordnung im gemeinsamen Klassenraum. Wir schlossen diese Phase ab als die Tafel vollgeschrieben war, und auf Zuruf der Schüler kennzeichnete ich die Rangfolge der zu behandelnden einzelnen Punkte mit unterschiedlich vielen Kreuzchen.

## Phase IV – Verhandlung und Vereinbarung

Als nun links die als negativ empfundenen und rechts die als wünschenswert bezeichneten Verhaltensweisen aufgelistet waren, wurden bei den SchülerInnen zahlreiche Äußerungen laut, mit denen sie auf die Unmöglichkeit hinwiesen, zwischen diesen beiden Zuständen eine Verbindung zu schaffen. Es kamen etliche Hinweise darauf, daß sie schon öfter versucht hätten, etwas zu verbessern, daß viele Lehrer schon etwas versucht hätten und daß die bisher unternommenen Versuche noch nie einen Erfolg gebracht hätten. Also fragte ich intensiv nach ihren Erfahrungen mit geplanten Verhaltensänderungen, die sie bei sich selbst, in der Familie oder bei Freunden erlebt hätten (wie oft hat dein Vater versucht, mit dem Rauchen aufzuhören?; wie habt ihr es schon mal geschafft, eure Schularbeiten regelmäßig zu erledigen? usw.). Allmählich verbreitete sich auf diese verstärkten Nachfragen hin eine Atmosphäre, die als etwas konstruktiver bezeichnet werden konnte. Die Schüler gingen sofort auf die von mir nur vorsichtig benannte Möglichkeit ein, in zahlreichen kleinen Schritten diese Veränderungen anzugehen. Und sie waren dann einigermaßen schnell bereit, sich mit den minutiösen Verhaltensverabredungen genauer auseinanderzusetzen.

In den großen freigebliebenen mittleren Tafelraum schrieb ich nach Diktat der Schüler die einzelnen Schritte, mit denen die gewünschten Verhaltensweisen und Zustände erreicht werden sollten. Neben zahlreichen Zweifeln an der Umsetzbarkeit kamen auf unterstützende Aufforderung hin schließlich ausreichend Beispiele für kleine Schritte in die geplante Richtung. Die möglichen Rückfälle und Schwierigkeiten benannte ich deutlich mit Hinweis auf die zu Anfang beschriebenen Zustände. Für jede denkbare Verfehlung fanden die Schüler eine Korrekturmöglichkeit, benannten auch jeweils befreundete Mitschüler als persönliche Helfer:

„Wenn J. wieder ... zu M. sagen sollte, wird er sich direkt entschuldigen und sein Freund P. ihm 50 Pfennig für die Klassenkasse abnehmen."

„Wenn M. nochmal J. den Kakao über die Hefte kippt, wird sie alles abwischen, sich entschuldigen, und ihre Freundin A. wird ihm einen neuen Kakao kaufen gehen."

Als alle Eventualitäten und Wünsche bearbeitet waren, staunten sämtliche Beteiligten über ihre geleistete Arbeit. Die schließlich in die gemeinsame Klassenvereinbarung übernommenen Punkte wurden sauber auf ein großes Papier abgeschrieben, sichtbar aufgehängt und von allen ausdrücklich als verbindlich betrachtet. In der darauffolgenden Woche wollten alle die verabredeten Verhaltensformen miteinander üben und sich gegenseitig dazu anhalten, daran zu denken. Verfehlungen sollten notiert und sofort von den jeweils zuständigen SchülerInnen geahndet werden.

Die nächste gemeinsame Stunde der Mediation sollte der Überprüfung dienen, d. h. die Schüler wollten die Umsetzung in den Schultag während der kommenden Woche begutachten. Dies geschah mit dem für alle Beteiligten überraschenden Ergebnis, daß sie sich weitgehend an die Vereinbarungen gehalten hatten, daß Verstöße unproblematisch angemahnt und wiedergutgemacht wurden und sich in der Klasse ein Gefühl der lehrerunabhängigen Sozialkompetenz ausbreitete. In den Wochen nach der Mediation begleiteten die beiden LehrerInnen die geplante Entwicklung mit Interesse, genauen Fragen und Unterstützung, die z. B. darin bestand, einen

Lehrer gezielt auf Verhaltens- oder Beurteilungsweisen anzusprechen, die von Schülern als nicht hilfreich empfunden wurden.

In den darauffolgenden Monaten entwickelte sich in der Klasse ein positiveres Klima, die Gewalttätigkeiten hörten auf, und die Schüler beteiligten sich wesentlich mehr und konstruktiver am Unterrichtsgeschehen. Dies ist in einer gleichbleibend auf Disziplinierung durch Lehrerintervention ausgerichteten Schulstruktur eine bemerkenswerte Veränderung.

Mit dieser Entwicklung setzten die Schüler einen gemeinsam erarbeiteten Neuanfang für selbstgestaltete gute Atmosphäre und behielten ihren autonomen Ansatz der Konfliktbearbeitung bei.

# Mediation in der Politik

PETER J. EMERSON

# The Belfast Agreement
# A tale of the irish (and bosnian) peace
# processes

*Peter Emerson gründete und leitet das de Borda Institut in Belfast. Er hat
die Veränderungen des bestehenden Mehrheitswahlrechts hin zu einem metho-
disch durchstrukturierten Konsenswahlrecht entwickelt und veröffentlicht. Die
Arbeit des de Borda Instituts strebt an, die kaum verwirklichten Konsensantei-
le im bestehenden Mehrheitswahlrecht zu ersetzen bzw. zu erhöhen. In dem ge-
genwärtigen Friedensprozeß in Nordirland stellte Emerson Methoden der kon-
sensorientierten Verhandlungsführung, wie sie in der Mediation verwendet werden, zur Verfügung, um die auf ethnische Trennung orientierten Anteile zu
reduzieren.*

*Emerson zeigt in seiner hochaktuellen Analyse des nordirischen Friedensabkom-
mens vom Karfreitag diesen Jahres, wie*

*1. das methodische Verfahren der Gespräche*

*2. der Aufbau des eigentlichen Abkommens und*

*3. die Strukturierung zukünftiger politischer Entscheidungsprozesse dem Geist der
Mediation als konsensualer Konfliktlösung diametral entgegenstehen.*

*Statt dessen sah sich der Verhandlungsleiter George Mitchell in der vorgegebenen
Verfahrensstruktur gezwungen, Gespräche mit den beteiligten Parteien kontrovers zu
führen, die mögliche konsensuale Ansätze bereits im Keim erstickten.*

*Emerson verdeutlicht die Brisanz seiner Thesen durch den Vergleich mit Bosnien
und dem betroffenen Daytonabkommen (von dem Richard Holbrooke inzwischen sagt,
es zementiere gerade diejenigen ethnischen/konfessionellen Teilungen, die es aufzu-
heben, konstruiert worden ist).*

*Kernpunkt seiner anschließenden Vorschläge ist die Unterteilung der bisher üb-
lichen Interventionen in militärische und zivile. Er setzt eindeutige Prioritäten
zugunsten frühzeitiger ziviler und international unterstützter Interventionen
auch in nationalen Konflikten und ordnet einige der bereits dokumentierten
UNO- und anderen militärischen Interventionen in den Bereich der von vornherein zum Scheitern verurteilten Aktionen ein.*

*Hervorstechend ist sein Plädoyer für die auch in der politischen Mediation noch
ungewöhnliche Form der zivilen Intervention. Er nennt konkrete Ansatzpunkte für*

*die noch nicht in Gewaltformen ausgetragenen Konflikte, um weitere Eskalationen und Ausweitungen der Konfliktarena zu beschränken.*

The Good Friday peace agreement has been hailed by most of those who live outside the province, and by many from inside, as a wonderful piece of diplomacy. It may, indeed, bring peace.

Accordingly, rightful praise and gratitude have been offered to all sorts of people – Clinton, Blair, Ahern, Mowlam, Hume, Trimble etc., – all of whom belong to the present. For this article on the peace process, however, I would like to start at the beginning and say thanks, or rather 'spacibo', to Mikhail Sergeyevich Gorbachev.

He came to power in what was still the Soviet Union in March 1985. Later that year came the start of the *rapprochement* between 'East' and 'West', and one of many consequences was a similar *rapprochement* between the two governments concerned with Northern Ireland. It took the form of the Anglo-Irish Agreement. Since then we have seen the Downing St Declaration and the Framework Documents, and these have now culminated in The Belfast Agreement. So let us first take a look at what was wrong, before Gorbachev's perestroika started to change it all. After that we will look at any "peace-keeping" operations during the course of the troubles, and then at the detail of the Peace Process, to see how wonderful it really is.

## 1. Background to the troubles

In 1969, a number of things were fundamentally wrong in, or relating to, Northern Ireland.

In devolving power to a regional parliament in Stormont in the 1920s, the then British government effectively washed its hands of responsibility for what went on in the province. As a result, there was a lot of discrimination and other injustices perpetrated by a minority of those protestants who happened to be in power in the name of the protestant majority, against the catholic minority.

The state had been created on the mistaken basis that a majority has the right to rule. In fact, of course, the province of Ulster consists of nine counties, and because the majority amongst the nine was catholic, the UK government lobbed off three of the more southwestern counties, and created a six-county affair which *did* have a protestant majority. By any objective account, this 6-county statelet is a concoction, with rather less justification for its existence than that which a Yugoslav would call a *krajina*.[1]

What is also wrong is this belief in the right of the majority to rule. After all, it was not so much the abuse of that rule which was a cause of the troubles, but simply its use.

Both governments claimed this province as theirs, the British by the 1920 Act of Settlement and the previous 1 800 Act of Union; and the Irish by what were to become Articles II and III of their 1937 constitution, that is, their stated aim of a united Ireland. Thus a Dublin-London conflict exacerbated the tensions in Northern Ireland.

Furthermore, both jurisdictions perpetrated beliefs or practices which exacerbated those tensions. The English constitution still embraces the established church, and certain persons like the monarch have to be protestant. At the same time, the Prime Minister has a role in appointing some of the Church of England bishops, and these may then sit in the House of Lords. In a word, it is the most antiquated church/state relationship this side of Teheran.

Meanwhile, in the Republic of Ireland, the role of the catholic church was far in excess of its spiritual due, and often delved into realms temporal. Only today, and largely through mistakes of its own making, is its power being more seriously questioned.

In Bosnia, too, certain political factions had allegiances to centres of power beyond its borders, and they in turn, both Belgrade and Zagreb, exercised malicious counter claims and/or even more malicious secret joint claims over certain areas of what was in theory an independent country.

The uses of majority rule in Britain were also a cause, as too is the similar absence of an inclusive democratic structure in Dáil Éireann, the Irish parliament.

But here we consider the *status quo*. Both the 'main' parties in England – Labour and the Tories – had a vested interest in the continuing presence of the Ulster Unionists in the House of Commons, for the following reasons.

The British electoral system is the most primitive ever invented, the so-called 'first-past-the-post' (yet there is no 'post'). In Northern Ireland, therefore, despite what many describe as a roughly 60/40 protestant/catholic mix,[2] 11 of the 12 MPs sent to Westminster were at one time unionist, while only one was nationalist.

........................

1 The main *krajina* in Croatia was settled by the Serbs in 1552.
2 The correct ratio is about 51:41:8, 51 % protestant, 41 % catholic and 8 % either other or undecided.

Similarly, most English MPs were Tory or Labour, and anyone campaigning for a small party – a Liberal, or Scottish/Welsh nationalist – found it very difficult to break that two-party stranglehold. What's more, if they did manage to gain a seat or two, they then found themselves to be politically impotent in the very majoritarian House of Commons, for even in a hung parliament situation when the bigger of the two parties would need some support, it would 'chat up' the unionists instead of any GB grouping.

As a consequence, the Ulster Unionists often had a certain amount of leverage over the government, Tory or Labour. For them at least, there was little or no reason why they should give some of their power to the nationalists. And for both Tory and Labour administrations, little or nor reason to change anything.

In what can be seen as a similar situation, Karadžić joined in the Dayton peace negotiations, only when he was forced to do so (by the US bombers, after endless months of inaction by the international community). The unionists may be compared to the Bosnian Serb rebels in so far as both were obsessed by their own interpretation of majoritarianism, and the unionists, or some of them, have now joined in the Talks, because they know Tony Blair has an (artificial but nevertheless massive) majority in the House of Commons and therefore no need of any unionists. For the latter, therefore, there is now nothing better to be had. Either join in and make the most of it, or stay out and risk both national and international marginalisation.

In days now gone, if and when violence broke out within a nations's borders, the government responsible could claim the problem to be 'internal'. Today, however, if a distrubance takes place in Kosovo, for example, the international community can turn on Milošević and impose sanctions or whatever. In 1969 when "the troubles" first erupted, the world was neither ready nor willing to apply international criteria in an impartial way, and especially on a country like the UK which still considered itself to be a world power.

Sadly, intervention is still dangerously orientated towards the military, and peace-keeping is regarded as a curative rather than a preventative medicine. Furthermore, diplomacy is often orientated towards the short term, and conflicts between peoples are often 'solved' by a division of those peoples, a division which, in the long term, often exacerbates the very conflict it is designed to heal.

Even now, as some authorities herald the breakthrough of The Belfast Agreement, others are building yet another 'peace line', a 3–4 metre high 'Berlin wall' to ensure that the people on one side of a housing estate in north Belfast are separated from those on the other. It was even worse in

Bosnia, of course, where this very 'principle' of division was actually a cause of war.[3]

Britain considered Northern Ireland to be important, not because of any reasons related to Northern Ireland, but because of what were regarded as strategic implications. In 1798, the English had been worried about the possibilities of the French using Ireland as a back door via which to attack England from the rear, and the participation of the French in the uprising of that year only confirmed those fears.

By 1963, the enemy had changed, but the fear was the same, and the military mind now imagined Soviet 'bear' bombers flying round the Kola peninsula and out over the Atlantic, before then firing their cruise missiles at London and other British targets from the airspace over Northern Ireland. This little province therefore had 'strategic importance' – to the military, of course, everything is strategic; hence the presence of the radar station in Co. Down and the electronic links with a network of early-warning devices stretching from the top of Norway to the eastern flank in Turkey.

Indeed, during the early 1980s, Reagan and others tried to persuade Ireland to give up its neutrality in exchange for some military installations down the west coast of Ireland. And all attempts to solve the Northern Irish problem were inextricably linked with the United States' and Britain's obsession with the so-called Soviet threat,[4] and the resulting 'special relationship' of those two English-speaking allies.

Britain's main interests, then, were political and strategic. There was also a comparatively small economic and a rather insidious military reason. For years, unemployment in the province was far higher than elsewhere in the United Kingdom, and Britain was able as it were to export unemployment. At the same time, by having an additional 1 million adult population, the UK's tax burden for dangerous white elephants like the Polaris nuclear deterrent could be spread more easily.

---

3  *"Under pressure from the EC mediators, the three [Bosnian] leaders (Izetbegović, Karadžić and Boban – Moslem, Orthodox and Catholic respectively) agreed to recognize the existing external borders of Bosnia. They also endorsed the formation of* national *territorial units within Bosnia."* This summary of the January 1992 Lisbon conference is taken from *"The Death of Yugoslavia"* by Silber and Little, p 241.

4  In many ways, the *"are you a protestant or a catholic?"* problem is only a much reduced image of the *"are you a capitalist or a communist?"* schizophrenia of the cold war. It is also interesting to note that while many are asking the combatants in the first conflict to decommission their arms, even though the conflict is not yet over, those making the request have refused to decommission their own nuclear arsenals, even though the cold war has definitely ended.

Militarily, there are those senior officers who feel an army benefits from having "a real" job to do, and Northern Ireland was, in their opinion, an excellent training ground. Furthermore, it was far cheaper to the British economy to send soldiers to Northern Ireland rather than to NATO's outposts in Germany, for the Tommy in Northern Ireland spends his pay in the sterling area.

## 2. "Peace-keeping" during the troubles

In 1969, the regional authorities proved themselves to be incapable of handling the conflict, because they were party to that conflict. Therefore, the national authority took over. In the opinion of this author and many others, it would have been better if the intervention had been far less military and far more international.

They sent soldiers. These soldiers might have been trained in certain rudimentary tactics of crowd control and so on, but in no way were they trained in peace-keeping. Nevertheless, they were welcomed on the streets of Belfast and elsewhere, most especially in the catholic areas.

They sent British soldiers. In a conflict which was at least in part British-versus-Irish, they were almost bound to take sides with the British 'half' of the population. It was only a question of 'when'. In 1969, no-one could have foreseen the events of Bloody Sunday; but anyone could have known that a more international presence would almost certainly have been able to play a more impartial role.

Furthermore, the presence of British forces tended to suggest they were in the province to maintain the constitutional *status quo*; an international presence on the other hand would have implied that something was wrong, and even if, as in Cyprus, it stays *in situ* for years and years, it is still repeating the message that something, somewhere, is fundamentally at fault. It becomes quite difficult, of course, to be impartial in Bosnia. The Russians were seen as friendly to the Serbs; the Germans to the Croats; the Turks to the Bosniacs, and so on. But the world is a big enough place, and impartiality though never perfect is always possible.

So what could have happened? Firstly, the personnel sent to Northern Ireland should have included civilian personnel, namely, those associated with every profession in the administration of justice. Additional judges, for example, could have been asked to sit alongside their local counterparts, so to circumvent the necessity of the one-judge Diplock courts, as they were called. Additional prison officers could have been recruited for the prison service, so to reduce the tensions associated with what came to be known as the H-block campaigns.[5] Additional police officers could have joined the local patrols, so to ensure that any community policing complied with recognised norms such as the European Convention on Human Rights. And so on. In 1969, almost certainly, such an international intervention would also have included soldiers, for the world at that time did not understand the methodologies of unarmed intervention; even now, it has yet to master the subject.

If such a civilian deployment had taken place, the above personnel would have included both male and female, accompanied by and living with their partners in ordinary accommodation in the towns and villages of Northern Ireland. A minimum age of 25 or 30 would have applied to all such personnel. In addition, political scientists and others versed in the skills of conflict mediation could have been asked to work in the province, to try to create a more inclusive political *modus operandi*.

Secondly, those personnel should have been neither British nor Irish, but international. Indeed, just think, if that force had been recruited from a mainly European background, it might have included a number of persons from Yugoslavia which was, after all, a member of the non-aligned group of nations. It will remain one of the 'if's' of history, but any deployment of Yugoslavs in Northern Ireland in 1969 might have helped, not only to save tens of lives in Northern Ireland in the '70s and '80s, but tens of thousands of lives in Croatia and Bosnia in the 1990s.

In similar fashion, the international intervention which eventually took place in Bosnia could have been less militarist. As it was, there was a large non-military deployment in charge of humanitarian aid, and so forth. Furthermore, some UN commanders came to realise that in such a situation, even the military have to adopt almost Gandhian tactics.[6] And thirdly, if the intervention had taken place in March 1992, before the majority vote referendum on independence, the civilian element could have been even greater.

## 3. The peace process

As mentioned above, Gorbachev came to power in 1985, and shortly afterwards, what had been perceived as 'the Soviet threat' began to fade away.

................................

5  The H-block protest culminated in the hunger strikes of 1980's, and the death of Bobby Sands.
6  In 1993, General Morillon tried to lift the Bosnian Serb blockade of Srebrenitca by just sitting down in the town and refusing to move, until the convoys were allowed in.

Hence, as we noted, Margaret Thatcher and Garrett FitzGerald signed the Anglo-Irish agreement, to massive protests from the unionist population. Yet again, they bellowed 'NO!', but to little effect. Northern Ireland was no longer so important; furthermore, it was costing a fortune, or so said the British government; and amongst the British in Britain, many were sick and tired of the whole thing, especially when their sons were returned in coffins, and especially too when huge car bombs started to blow up millions of pounds in the city centres of London and elsewhere. It was indeed time to change it all.

Accordingly, there followed the then Secretary of State Peter Brooke's speech when he declared what we all knew was the case, namely, that Britain no longer had any economic or strategic interests in Northern Ireland. Interestingly enough, he did not refer to Britain's political interests, for they were still very real indeed. In fact, during the closing days of John Major's administration and his much reduced majority in the House of Commons, the unionists often found themselves with power far beyond their proportional due. Votes, as always, were bought and sold, just as they had been during James Callaghan's last days in power, in 1978.[7]

By this time, however, things were beginning to gain a momentum of their own. The troubles in Northern Ireland were bound to come to an end, for it always was an anachronism of history. Furthermore, events have consequences, and consequences often have their own consequences, unforeseen by the events' original authors.

In the wake of Gorbachev's reforms in the Soviet Union, other divisions were beginning to emerge in other parts of the world. One of the first was in Nagorno-Karabakh, and it was interesting to see how the Soviet press referred to that particular outbreak of violence as 'Наш Ольстер' ('Nash Olster' or Our Ulster). Later, of course, came the breakup of Yugoslavia, and many have been the references and comparisons to that tragedy, especially the worst aspect, the collapse and subsequent division of Bosnia.[8]

Secondly, with NATO no longer a factor in the Irish context, the Irish-American lobby was able to exert increasing amounts of pressure on the

7 Callaghan first joined forces with the Liberals, but when that did not work, he collaborated with the Unionists. The Unionist's price of continued support for the Labour government was more parliamentary seats for Ulster, and needless to say (see para D on page 3), the Tories did not oppose, just in case they were to win the following election, but with only a small majority.

8 This too was a consequence of Gorbachev's career, this time his fall from power; for when the West chose to ditch him in favour of Yeltsin, they also decided to ditch Milošević in favour of one who is just as bad, Croatia's Franjo Tudjman.

White House, which by now was not so obsessed with the special relationship with Britain. Hence that invitation to Gerry Adams to visit Bill Clinton, and so on.

And thirdly, events in the province itself were at last beginning to have an effect. There was the 1994 cease-fire and the Dublin Forum for Peace and Reconciliation which followed. And there were a number of other more local activities, which were also trying to pave the way forward. So let us now take a more detailed look at all of this.

# 4. The talks

In John Hume's analysis, Sinn Féin still regarded the 1918 election, which was of course an all-Ireland poll, as the only legitimate basis of an all-Ireland administration. For this reason, Sinn Féin never recognised partition, and have only recently entered the political process as such. They do, after all, believe in majority rule, but on a 32-county basis.

Meanwhile, the unionists believe in the 6-county version. If, nevertheless, a vote could be held, simultaneously, in both parts of Ireland, and if both parts of that vote were in favour of some agreed settlement – or so Hume reckoned – then surely all future Sinn Féin political activity would be based on such a current referendum, and the 1918 grievances could be returned to the history books where they belonged.

Furthermore, the demography of the province was changing, slowly but surely. If the principle of a 6-county majority vote could be established as the legitimate basis of change, then, in a few years time, it would in theory be possible to have a united Ireland.[9]

In the meantime, the SDLP argued, there should be parity of esteem in all walks of life. This was to be the purpose of the Talks, to establish a *modus vivendi* which recognised the two communities, their two traditions and aspirations, and the need for a form of mutual accommodation.

Direct rule from Westminster prorogued Stormont – the protestant parliament for a protestant people – in 1972, and in the intervening years, the British government had introduced an Equal Opportunities Commission and a Fair Employment Agency to ensure fair treatment in the workplace. At the same time, the equal status of the two languages – English and Gaelic – was slowly coming to be accepted, *ceart go leorr*

...................................

9  Present estimates suggest the catholic population might outnumber the protestant in about 30 years' time.

(right enough). Police reform was at last on the agenda, and just as the Dayton Peace Accords postponed any problems that could not be solved there and then – Brćko and Mostar the two obvious examples – so too the Belfast Agreement has asked for a commission to look at the whole question of policing.

The one difficult issue concerned equality of treatment in the political structures and the administration of power. Parity could quite easily be achieved for any elected chamber by the use of proportional representation (PR), and parity could be achieved inside that chamber by sharing seats on committees and so forth. But how could parity be achieved in any decision-making process?

## 5. Decision-making in a divided society

Simple majority rule was obviously inadequate. As noted above, however, majoritarianism was and still is regarded as acceptable. It is an extraordinary logic. Society accepts that violence was wrong, and so the instruments of violence are now to be decommissioned. Society also accepts that majority rule was wrong too; but the instrument of majority rule, the simple majority vote, is apparently to be maintained.

Instead of the unionists forming a majority and excluding the nationalists, which was wrong, the 'nice' people will get together and outnumber the 'not so nice' which, apparently, will be fine. 'Nice' people, by the way, consist of UU and the SDLP, along with any nonsectarian folk who might be involved; while the 'not so nice' consist of DUP and Sinn Féin. As a methodology, it is of course a great improvement on the simple majority vote, but it is not 'inclusive', and it too has the potential of excluding 49,9 % of the population.

What is not often realised is that this is a system which I am led to believe was first used in Czechoslovakia some years ago, courtesy of one Joseph Dzhugashvili, otherwise known as Stalin. In a word, if both the Czechs and the Slovaks said 'yes', then 'yes' it would be. Any others, be they Moravians or the "ethnically unclean" – the sons and daughters of mixed marriages, for example – were, in effect, disenfranchised. As a decision-making methodology, it was fine, for the Czechoslovaks were not allowed to make any serious decisions anyway; they were all taken in Moscow.

On a more contemporary and serious note, a similar system was discussed though not defined in South Africa during the recent transition period, when the chosen methodology was given the name 'sufficient consensus'.

Finally, a three-way variation on this theme was adopted in Bosnia in 1990, just after their first (divisive and) democratic elections.[10] This same sort of methodology has now been adopted in Northern Ireland under the name of "parallel consent". It can only work when those concerned use different electoral registers or some other means of dividing themselves into their respective 'ethnic' categories. Accordingly, it is only to be used in the new Assembly; when those elected take their seats, they will first have to classify and divide themselves according to the labels: unionist, nationalist and other. It is 'ethic cleansing' by democratic (sic) means, and why it has come to be part of The Agreement will be discussed in a moment. First, though, a word on that other word, 'consent'.

# 6. Consent

The population of Northern Ireland is not separated as clearly as are the Czechs and Slovaks for example, although admittedly, it is not as mixed up as was the Bosnian population in 1990. Nevertheless, any thought of separate ethnic electoral registers for the population as a whole would be totally unacceptable, and probably totally unmanageable as well.

Therefore, (and because many politicians never even consider multi-option voting), The Belfast Agreement states that constitutional change will be subject to regional referendum under the oldest methodology of them all, the simple majority vote.

It actually creates a huge problem. By any dictionary definition, the word 'consent' implies a measure of agreement by both or all concerned. In The Agreement, however, as it was in the Framework Documents and the Anglo-Irish Agreement which preceded it, 'consent' means something else altogether; it means the agreement of only some people, the majority, and therefore, we must assume, the dissent of the others, the minority.

In a word, the constitutional future of Nothern Ireland is to be decided by majority vote. If therefore a majority wants to stay in the United Kingdom, it can; or if it wants to join a united Ireland, it can. This ist the basis of the peace process.

Given the demographic changes we referred to, this might mean there will come a day when the two communities are roughly 50/50. And then, Seamus will have his 18th birthday. Ah ha, so the nationalist will now have

10 The 1990 elections in Bosnia were part two-round majority votes and part PR-list.

50 % + 1 of the vote, and many will be the cries for United Ireland and a referendum. (Indeed, they have started already.) Will Sammy then get his gun and kill a taig? 50 % – 1. United Kingdom.

This majoritarianism sets the scene for heightened tensions and even more conflict ... yet this is the basis of the Peace Process, which the whole world applauds. It is extraordinary. Yet almost the whole world, or nearly the entire whole western world, seems to be obsessed with this idea that democracy means majority rule. Tensions in Quebec are getting worse, because of their use of the majority vote. Still the world believes in it. Yugoslavia blows up because of divisions caused by majority voting. Still the world believes in it. Rwanda explodes because of majority/minority tensions and associated misguided beliefs. And still the world believes in it.

As we shall discuss in a moment, The Belfast Agreement thus contains the seeds of future inter-communal discord.

# 7. Parallel consent

But back to the Assembly, and the how and why they have chosen something which they know has never worked anywhere else.

Like almost every so-called democrat, the participants in the Talks at Stormont Castle believed that democracy embodies the will of the majority. Some, like the unionists we mentioned earlier, wanted a 6-county form of majoritarianism. Some wanted a 32-county variety. And some wanted a 'nice' versus 'not-so-nice' form.

At the same time, Tony Blair *et al* believe in this right of a majority to rule with the same fervor that their predecessors believed in the divine rights of the monarch. Though observing the practice of PR elections (because it was imposed by the British in 1920), the Irish government also believes in majoritarianism in Dáil Éireann or any national referendum. Being another Anglo-Saxon democracy, most Americans believe in majority voting as well. And so too do nearly all western governments; only the Finns and Norwegians have started to move into multi-option voting, but they too remain largely majoritarian.

Therefore, for almost 21 months of its 22 months run, the participants at the Talks talked and talked and talked, in a majoritarian milieu, without negotiating at all. Majoritarianism is a zero-sum methodology.

Only some can win; the others must lose. Instead therefore, of voting, they talked and talked and talked until eventually they reached what is nevertheless, to be fair, not a bad compromise. What they did not do, however, is speed up the whole process by using a win-win voting procedure. Instead, yes, they just talked.

Each delegation kept its cards very close to its chest. Every so often, each might say what was their first preference for this or that aspect of the outcome. And the whole time, they would say what was their last preference, i. e., what the others had just said was their first preference. But rarely, if ever, would any of them spare a critical thought for any other options. And never did they state, on any issue of contention, what were their second or third preferences.

No wonder the negotiations proper only started about three weeks before the end, and even on Maundy Thursday if not too on Good Friday itself, pretty well any of the major players could have raised an objection on any detail they suddenly decided they did not like.

In more formal mediation conflict situations, those facilitating the discussions will ask each delegation to state their preference, before then aiming to find that option which has the highest average preference of every delegation. (This, again, is normally done through protracted discussions, and it is at least odd to note that many mediators also dismiss any use of the more inclusive voting procedures.)

Accordingly, in the Stormont Talks, the methodology was still majoritarian, albeit on the sufficient consensus model. If something was agreeable to the majority of the unionists and the majority of the nationalists, then that would do. Therefore, the two big parties, which were also the two 'nice' parties – the UU and SDLP – were able to do pretty well whatever they liked. This was indeed the case because at no time did the two governments wish to propose an option which the parties themselves might not entertain.

It could well be said that it was the politicians who created or at least exacerbated the problem in the first place; and it was now these very same people who were dictating the conditions for any peace settlement. In similar fashion, those Bosnians who negotiated the Dayton settlement were the very people who caused, or at least did not prevent, the war. Rather than being left to the whim of those who will be the beneficiaries of any arrangements they agree to, is it not time that certain democratic structures were actually laid down as international human rights?

The Belfast Agreement is a document designed by the big parties for the future success of the big parties. It might, to be fair, bring peace. But it might have been even better to go for a more inclusive and less majoritarian agreement.

The system they propose involves, first of all, an election by PR-STV[11] in 6-seater constituencies. This means that any party with 14 % first preference support is guaranteed a seat, and any party with less is in trouble. Thus the big boys have designed a system which suits their own best interests, to the expense of pluralism or any other 'unnecessary' ideal.

When it comes to the sharing of ministerial posts, the big parties have decided that the appointment of the First and Deputy Minister will be an election under the rules of a key decision, (see below), and this will suit the two big parties. Secondly, the appointment of the other ministers will be a selection by use of the d'Hondt system[12], and this, as many a reader from the continent will know, also suits the big parties.

Finally, wherever a 'key' decision is to be made, they have chosen to use either 'parallel consent' or a form of weighted majority voting, both of which give veto powers to both the unionists and the nationalists, but not to those who prefer to remain cross-community and who call themselves 'other'. It is all utterly sectarian. Furthermore, it is likely to end in an *impasse*, either because when the unionists say 'yes' the nationalists will say 'no', and *vice versa*, or because of the two methodologies proposed, it may happen that a motion will be passed if one option is used, but not the other. Allow me please a little example, just to show what I mean.

# 8. Parity of veto

Parallel consent requires a majority of the unionists plus a majority of the nationalists, plus an overall majority, in favour. A weighted majority requires 40 % of the unionists plus 40 % of the nationalists, plus 60 % overall. So imagine what might happen if the results of the June elections to the new Assembly are as follows:

.......................

11 This allows the voter to give 1 to his/her first preference, 2 to his second preference, and so on. In the count, normally held in about a 4-seater constituency, any candidate gaining the quota ($\frac{1}{5}$ of the valid vote) is elected, and any surplus votes are transferred as per the voters' wishes. Then the least popular candidate is eliminated and his votes transferred. The process continues until the required number of candidates has gained the quota and thus been elected.

12 If parties get 8, 22, 30, 28 and 20 seats in the new Assembly, then by the d'Hondt rule, they will get 0, 2, 3, 3 and 2 ministerial posts whereas by the St. Lague of Modified St. Lague formula, they would get 1, 2, 3, 2 and 2 posts respectively. See *"Beyond the Tyranny of the Majority"*, Emerson, pages 53–4.

| Alliance | 8 | members | other |
|----------|-----|---------|-------------|
| DUP | 22 | members | unionist |
| UU | 30 | members | " |
| SDLP | 28 | members | nationalist |
| SF | 20 | members | " |

The question will then be asked, should Alliance join the unionists, to battle with the UU against Paisley, lest the latter has 40 % of the unionist bloc? Or should they be nationalists and side with the SDLP? Or again, should they remain as 'other'?

What might be even more bizarre is the possibility of the SDLP joining the unionists as well, for as a 28 + 8 grouping in an 88-member bloc, they would constitute 40 % of that bloc, ready to insist on a nationalist or at least non-unionist agenda, with which Sinn Féin in the nationalist bloc would obviously concur.

Or take another scenario: imagine 5 other + 27 unionists + 25 nationalists vote for a motion, while 3 + 25 + 23 vote against. In other words, a majority, with at least 50 % unionist and 50 % nationalist support, is in favour, though at least 40 % of unionists and 40 % of nationalists oppose the motion. So by the parallel consent ruling, the motion passes, and by weighted majority it doesn't, and very nearly fails. The Agreement is a recipe for further conflict and confusion, for any loser by one methodology will argue like hell for the other.

Furthermore, no-one knows how the assembly will decide whether or not something is 'key' in the first place. Will that decision be a majority vote ruling, or a parallel consent/weighted majority vote? The answer is unclear, yet it is that answer which in many instances will determine whether or not the motion is passed. Oh dear oh dear: the scene has been set for arguments and counter-arguments and anything but peace! It is not parity of esteem, it is only parity of veto.

Examples of the failures of such methodologies were pointed out to the participants, not least by this Institute. Čzechoslovakia, for example, is no more. Nor is Bosnia, of course. But the big parties wanted something which, first and foremost, suited themselves. Each had the power of veto, the 'democratic equivalent' of a weapon, and neither was prepared to disarm. In effect, then, almost the entire Talks process was conducted via a series of bilaterals, with Senator Mitchell and others gyrating from one delegation to another, desparately trying to find that to which both 'main' parties would agree, and caring rather less, I'm afraid, for what might be more practicable let alone idealistic.

## 9. A better methodology

As it stands at the moment, therefore, various politicians at the Talks were able to come to a consensus, just, and all thanks to Senator Mitchell and his team. But nanny has gone now. What, therefore, is going to happen in the new Assembly, when the other little boys from the DUP and so on join the majoritarian fray, each seeking a veto either within a designation, or within the whole.

If but a different, multi-option methodology had been adopted, for this can be a voting procedure by which the participants may choose their best possible compromise. The standard procedure in most conflict resolution situations is for the facilitator to try and seek out each participant's options. (Some go further, of course, and ask 'this' party what would 'this' party regard as 'that' party's possible courses of action, and so on.)

As a minimum, however, if each participant is asked what it want's, given that there were ten participants in the Talks, the facilitator would collect a maximum of ten different options for each particular topic of dispute. Some proposals might be very close to each other and could perhaps be composited into one, but one way or another, the facilitator would be able to present the participants with a list of options. If, then, those participants stated which of those options they preferred the most, which was their second favourite, and so on, it would be very easy to calculate which option was the highest average preference of every participant. By definition, such an option would be the best possible compromise.

Take, for example, the very simple business of electoral systems. Admittedly, there are hundreds of systems to choose from, so the first thing to do is to identify which systems are deemed by any of the participants to be worthy of consideration. After a short discussion, each delegation could be asked to identify, in order of preference, its six most desirable systems, giving 6 points to its most preferred option, 5 points to its next preference, 4 points to its third choice, and so on. By adding up all the points awarded to each option, it would be possible to draw up a short list of say ten electoral systems, namely, those with the most points. In this instance, therefore, the multi-option vote is used as a straw poll, to facilitate the debate by identifying those options which need further study.

A rather more detailed examination of the ten systems would take place, before then conducting another points vote on the final list, which we will assume also consists of ten electoral systems. Accordingly, this time, each delegation would give its favourite option 10 points, its next choice 9 points, and so on. By then adding up the points awarded to all ten options, the most popular option could be identified as being that with the most points. And here the multi-option vote is used as the final decision-making process.

Now it may be that this winning option gets no 10s at all, but some 9s, lots of 8s, a few 7s and very little else. In other words, while none think it is brilliant, everyone feels it is good, tolerable or OK. Either way, it finishes up with an average score of about 8 points. Another option might get lots of 10s, but if it also gets lots of 1s – i. e., some think it is brilliant, but others reckon it's rotten – it will finish up with an average of about 5 and therefore lose.

This methodology, the Borda preferendum,[13] is the only non-majoritarian decision-making voting procedure yet devised. (It was first proposed by a certain monk, Nicholas Cusanus, in 1435, and in 1784 by M. de Borda – hence the name). This Institute managed to get this methodology onto the bilateral table at the Talks, though not for very long, partly because the big boys did not like it very much, but also because the small parties were not as keen as they might have been. This is due to what can only be described as a general lack of understanding among all politicians of any of the multi-option decision-making methodologies, and this in turn comes from a fear of not being able to even guess the final result.

Politicians, after all, like to control events. Majority voting and the power of veto gives them that near total control.

The introduction of the preferendum, in contrast, would spell the end of the party whip system of government. At the same time, it would guarantee a compromise, and just as the outcome of a good discussion cannot be predicted, so too the outcome of good voting procedure is very difficult to predict (and even more difficult, therefore, to manipulate).

But politicians, as we said, like to control, and compromise is 'a dirty word'. In the long run, the introduction of such an inclusive voting procedure and therefore potentially pluralist society might be the price of peace, and in the short run, that is a price most politicians, large and small, are not prepared to pay.

# 10. The seeds of wrath

As it is, there is an agreement. There are some lovely clauses on human rights, and some brave ones on the release of prisoners. But within its terms, as outlined above, there are the makings of future division, and this is only

---

13 See *"The Politics of Consensus"*, Emerson, 1994.

confirmed by the fact that, to many unionists, it is seen as the end, while to the nationalists, it is just a beginning.

The unionists want to maintain partition. The nationalists want to get rid of it, and are only signing up to the agreement because, they think, they can see the day when they will be able to get rid of it. If, in the meantime, no-one tries to persuade the unionists that they should embrace a united Ireland, then for as long as society remains majoritarian, further conflict on the same old question is all but inevitable.

In addition, there are those who are already vowing to wreck whatever they can, and Paisley's DUP, along with a few other unionists, some UU and some not, are intent on making the whole damn thing unworkable. All they need is a majority of the majority, and it will be a write-off. Yet 51 % of 51 % is only 26 %, and yet these are the people who shout of the right of majority rule? Alas, those others like Blair and Ahern who also believe in majoritarianism rarely acknowledge its total illogicality.

Meanwhile, in Bosnia and elsewhere, lessons are there to be learnt. There will be dangers indeed if the Assembly does not work and instead gets bogged down and entangled in its own vetoes. Splitting a country or a people into its various supposed parts while retaining a belief in majoritarianism, often results in the eventual rise to power of the extremist as opposed to the moderate. This is how Karadžić assumed power and how Boban took over. Even if nothing else goes wrong in the Assembly, it is highly likely that Sinn Féin will become the dominant force of nationalism, over and above the SDLP. After all, those who steal clothes often then wear them. For John Hume in particular, that would be a cruel fate. In the history of our species, however, it would only be the same old story. And the divisions in Northern Ireland society would continue to fester, just as they did after the last failures, the Act of Settlement in 1920, and the Home Rule Bill in 1886.

In a word, majoritarianism is not the only cause of our woes, but by God, it is certainly one of the biggest ones. By opting for parallel consent, the Peace Process has taken the first step towards a more pluralist democracy. The Agreement may yet work; but its chances of so doing will be greatly enhanced if all concerned can manage to take some more steps and adopt a more inclusive decision-making methodology.

As an absolute minimum, the constitutional status of Northern Ireland should not be resolved by the wishes of only a majority, and if others elsewhere want to help the Peace Process, the very least they can do is to adopt in their own elected chambers a non-majoritarian form of decision-making. It is a small price for peace.

**Principal actors:**

| | |
|---|---|
| Ahern, Bertie | Taoiseach of the Republic of Ireland since June 1997 |
| Blair, Tony | Prime Minister of the UK since May 1997 |
| Boban, Mate | Former leader of the Bosnian Croats |
| Brooke, Peter | Secretary of State for NI during the 1991-2 talks |
| Callaghan, James | British Prime Minister of the last Labour administration, which ended in 1979 |
| Clinton, Bill | President of the USA since 1992 |
| FitzGerald, Garrett | Taoiseach in 1985 |
| Gorbachev, Mikhail | Leader of the USSR, 1985–1991 |
| Hume, John | Leader of the SDLP since 1979 |
| Izetbegović, Alija | Leader of the mainly Moslem SDS party, and currently the President of Bosnia and Herzegovina |
| Karadžić, Radovan | Former leader of the rebel Bosnian Serbs and war criminal |
| Major, John | British Prime Minister, 1992–1997 |
| Milosević, Slobodan | Serb leader, in one form or another, from 1987 |
| Mowlam, Mo | Secretary of State for NI since May 1997 |
| Paisley, Ian | The (supposedly reverend) leader of the DUP |
| Reagan, Ronald | President of the USA, 1976–1984 |
| Thatcher, Margaret | Prime Minister of the UK, 1979–1990 |
| Trimble, David | Leader of the Ulster Unionist Party since 1996 |

**List of Abbreviations:**

| | | |
|---|---|---|
| DUP | = | Democratic Unionist Party, more extreme than the UU |
| GB | = | (Great) Britain, consisting of England, Scotland and Wales |
| IRA | = | Irish Republican Army |
| NATO | = | North Atlantic Treaty Organisation |
| NI | = | Northern Ireland, 6 counties |
| PIRA | = | Provisional IRA (the provies) |
| PR | = | Proportional representation |
| SDLP | = | Social Democratic Labour Party, (mainly nationalist) |
| STV | = | Single transferable vote |
| UK | = | United Kingdom of GB and NI |
| USA | = | United States of America |
| USSR | = | Union of Soviet Socialist Republics |
| UU | = | Ulster Unionists |

**Chronology**

| | |
|---|---|
| 1798 | United Irishmen rebellion |
| 1800 | Act of Union |
| 1840s/50s | The Famine |
| 1886 | Home Rule Bill |
| 1913 | Ulster Volunteer Force |
| 1914 | First World War |
| 1916 | Easter uprising |

| 1918 | All-Ireland elections |
|------|----------------------|
| 1920 | Partition and the Act of Settlement (sic) |
| 1937 | Irish Constitution |
| 1969 | Start of 'the troubles' |
| 1972 | Bloody Sunday and Stormont prorogued, start of Direct Rule |
| 1981 | Hunger strikes |
| 1985 | Anglo-Irish Agreement |
| 1993 | Joint Declaration |
| 1994 | IRA cease-fire and Dublin Forum for Peace and Reconciliation |
| 1995 | Framework Documents |
| 1996 | Elections and Talks |
| 1998 | The Belfast Agreement |

# Dieter Scholz, Vorsitzender des DGB-Landesbezirks Berlin – Brandenburg, im Gespräch mit Roland Kunkel

Am 1. Januar 1999 tritt die Insolvenzordnung in Kraft, die die bisherige Konkurs- und Vergleichsordnung außer Kraft setzt. Neu in das Wirtschaftsrecht wird das Rechtsinstitut des Insolvenzplans eingeführt. Ziel dieser Regelung ist, „den Beteiligten einen Rechtsrahmen für die einvernehmliche Bewältigung der Insolvenz im Wege von Verhandlungen und privatautonomen Austauschprozessen zu ermöglichen"[1]. Für Unternehmen in großen wirtschaftlichen Schwierigkeiten werden sich die Möglichkeiten verbessern, an Stelle der Liquidation den Betrieb zu sanieren und so über eine Betriebsfortführung die Gläubigeransprüche zu bedienen. Allerdings führt diese Möglichkeit auch dazu, daß insbesondere die Banken schärfer auf ihre Sicherheiten achten, wenn ein Insolvenzplan entwickelt und ausgehandelt wird.

Die neue Insolvenzordnung bietet also bessere Verwertungsmöglichkeiten, stellt aber auch höhere Anforderungen an die Kooperationsfähigkeiten der Akteure. Das führt zu einer Diskussion über engere Kooperationen zwischen Anwaltskanzleien, Unternehmensberatern und Wirtschaftsprüfern bis hin zu Fusionen. In Potsdam ist ein Arbeitskreis für Insolvenzrecht gegründet worden, um die Zusammenarbeit aller Beteiligten zu erleichtern. „Bisher herrsche zwischen den einzelnen Gläubigergruppen ein arbeitsplatzvernichtender Leerlauf."[2]

Vor diesem Hintergrund wollen wir einen der wesentlichen Hintergrundakteure zu Wort kommen lassen, der für die Wirtschaftsabteilung des IG Metall-Vorstandes in kritischer Kooperation und mit vielen Konflikten die Arbeit der Treuhandanstalt/ BVS begleitet hat. Unter dem hohen politischen Druck der steigenden Arbeitslosigkeit mußten praktische Kooperationsformen der Konfliktmoderation entwickelt werden.

*Roland Kunkel*

---

1 Bundestags-Drucksache 12/2443 v. 15. 4. 1992, S. 90, zitiert nach Eidenmüller, Der Insolvenzplan als Vertrag, in: Jahrbuch für neue politische Ökonomie, Band 15, S. 164.
2 Tagesspiegel v. 22. 3. 1998.

*Herr Scholz, uns interessiert Ihre Arbeit vor Ihrer jetzigen Funktion als DGB Landes-*
*bezirksvorsitzender für Berlin Brandenburg. Sie haben als Sekretär des IG Metall-Vor-*
*standes in der Abteilung Wirtschaft eine Art Verbindungsbüro aufgebaut, das bei Pro-*
*blemen und Konflikten zwischen der IG Metall und Treuhandanstalt, später Bundes-*
*anstalt für vereinigungsbedingte Sonderaufgaben vermitteln sollte. Was genau sind die*
*Aufgaben und Arbeitsinhalte des Berliner Büros, das Sie dann geleitet haben?*

Es ist ein Büro, das sich im wesentlichen um die Frage der Privatisierung
der Betriebe der Metall- und Elektroindustrie in den neuen Ländern nach
der Währungs- und Sozialunion kümmert. In diesem Kontext sind auf sehr
unterschiedlichen Ebenen viele Entscheidungen vorzubereiten und zu treffen. Das reicht von der Zustimmung zu Sanierungs- und Privatisierungs-
konzepten auf der Unternehmensebene bis hin zur Genehmigung von finanziellen Transaktionen auf der EU-Ebene. Es ist ein äußerst komplexer
Prozeß, sowohl auf der horizontalen als auch auf der vertikalen Ebene politischer und gewerkschaftlicher Hierarchie.

*Wie kann man sich diese Arbeit praktisch vorstellen?*

Im Vorfeld einer Privatisierung oder einer sich anbahnenden Privatisierung
wurden wir von den Betriebsräten vor Ort, der Treuhandanstalt bzw. der
BVS oder auch der jeweiligen Landesregierung angesprochen. Die Frage
lautete immer, wie können Konzepte realisiert werden, die es ermöglichen,
Betrieben eine Entwicklungschance zu eröffnen. Die Antwort auf diese Frage war immer Ergebnis konkreter Auseinandersetzungen und kontroverser
Debatten, bei denen es meist um Finanzierungsfragen, aber auch um Sa-
nierungsinhalte und Sanierungsgegenstände in den Unternehmen ging.

*Komplexe Entscheidungsprozesse müssen also koordiniert werden. Es gilt Konflikte*
*zwischen Betriebsräten, Unternehmensberatern, dem Managment und den Banken*
*zu regulieren und flankierend dazu auf die Entscheidungsprozesse innerhalb der*
*Treuhand (BVS), der IG Metall und der politischen Einrichtungen bis hin zu Lan-*
*desregierungen Einfluß zu nehmen.*
*Welche Fähigkeiten, glauben Sie, sind entscheidend, um in solchen Situationen kon-*
*struktive Konfliktlösungen produzieren zu können?*

Am wichtigsten scheint mir die Fähigkeit zu sein, ein gutes personelles Netzwerk aufzubauen, zu entwickeln und zu pflegen. Nur so ist es möglich, An-
sichten und Einstellungen zu einem Sanierungs- und Privatisierungskonzept kennenzulernen.
  Zu diesem Netzwerk zählen Mitarbeiter der Treuhandanstalt bzw. der
BVS, und zwar sowohl Direktoren und Sachbearbeiter in Abteilungen, die

mit der konkreten Privatisierung betraut sind, als auch einzelne Mitglieder des Vorstands der Organisation.

Zu diesem Netzwerk zählen Kontakte zu den Landesregierungen, zum Bundeswirtschaftsministerium und auch zur Bundesregierung.

Und last not least sind die Verbindungen vor Ort zu nennen: zum Management, zum Betriebsrat, zur ständigen IG Metall-Verwaltungsstelle und zur Belegschaft.

Dieses komplexe Netzwerk muß kurzfristig ansteuerbar sein. Und damit komme ich zu einer weiteren Qualifikation, die ich für essentiell halte, nämlich die Kommunikationsfähigkeit und damit verbunden, die Fertigkeit sich dieses Netzwerkes schnell und ohne Umstände bedienen zu können. Dies setzt die Bereitschaft voraus, mit Informationen, die man erhält, verantwortungsvoll und vertraulich umzugehen. Dieses Vertrauen darf unter keinen Umständen gebrochen werden. Es ist nicht immer einfach, den Weg zu finden, wie man trotzdem nicht zum Geheimdiplomaten wird. Entscheidend bleibt immer, die Informationen für die Entwicklung von seriösen und soliden Lösungen vor Ort, die von allen Beteiligten akzeptiert werden, zu nutzen.

*Solche Netzwerke funktionieren nur, wenn das Geben und Nehmen stimmt. Was konnten Sie geben?*

Das ist eine schwierige Frage. Das gemeinsame Interesse aller Beteiligten im Sanierungsfall ist ja die Kontrolle der materiellen und zeitlichen Konfliktkosten, aber auch in der sozialen und politischen Dimension. Wir waren bereit, einen auch mit Personalabbau verbundenen Sanierungsprozeß mitzugehen. Wir waren bereit, das Wissen und das Know-how der Belegschaft aktiv in den Sanierungsprozeß einzubringen. Und wir waren bereit, uns offen mit einem Sanierungskonzept auseinanderzusetzen.

Eines der Hauptprobleme in den neuen Ländern war, daß insbesondere die Treuhand Entscheidungen zur Privatisierung und Sanierung getroffen hat, ohne in ausreichendem Maße das Gespräch mit dem Management und vor allem der Belegschaft der betroffenen Unternehmen gesucht zu haben. Dies führte dann – und ich denke in vielen Fällen zu Recht – zu entsprechender Abwehrhaltung vor Ort. Unser Angebot zielte genau auf die Überwindung dieser mangelhaften Entscheidungsvorbereitung und lag begründet in der festen Überzeugung, daß eine Sanierung gegen den erklärten Willen einer Belegschaft nicht möglich ist. Das Beispiel SKET zeigt das in dramatischer Art und Weise.

*Können Sie das noch etwas weiter ausführen?*

Beim Sanierungsversuch von SKET wurde offensichtlich, daß die Treuhand nicht in der Lage war, sowohl mit dem Management wie auch insbesondere mit der Belegschaft in einen Kommunikationsprozeß einzutreten, der dazu angetan gewesen wäre, die perspektivische Entwicklung des Unternehmens zu erschließen. Im Gegenteil. Es wurden abgehobene, isolierte Entscheidungen getroffen, die dazu geführt haben, daß jegliches Vertrauen in die Sanierungskompetenz des ehemaligen Eigentümers, nämlich der Treuhand, bei der Belegschaft verlorengegangen ist. Dies führte zu einer Blockadehaltung bei den Beschäftigten, die eine Weiterführung des Unternehmens unmöglich machte. Die Zerschlagung, die dann stattgefunden hat und heute als Erfolg verkauft wird, war die Konsequenz. Ich denke, ein anderer Weg verbunden mit dem Einsatz professioneller Mittel und Methoden wäre möglich gewesen.

*Können Sie uns Beispiele positiver Entwicklungen nennen?*

Beispiele gelungener Sanierungen gibt es eine ganze Reihe. Ich will sie hier nicht im einzelnen aufgreifen, sondern auf eine strukturelle Verbesserung aufmerksam machen. Nachdem die Treuhand Defizite ihres Handelns, wenn nicht anerkannt, so doch wenigstens zur Kenntnis genommen hatte, wurde ein breites, durch die Treuhand finanziertes Netzwerk gewerkschaftsnaher Berater für die neuen Länder aufgebaut. Nachdem wir dieses Instrument hatten, konnten wir in den Betrieben anders operieren. Ein Sanierungs- oder Privatisierungskonzept, das vorgelegt wurde, konnte durch entsprechende fachliche Beratung der Betriebsräte in den Betrieben kritisch gewürdigt und um eigene Verbesserungsvorschläge ergänzt werden. Das Arbeitsvermögen der Beschäftigten fing an, eine Rolle zu spielen, und dies setzte in den Betrieben neue Prozesse in Gang. Das bedeutet nicht, daß in allen Fällen eine Sanierung gelungen ist. Oftmals waren die Verhältnisse zu sehr destabilisiert und ebensowenig ist dieses neue Instrument ein Garant für gelingende Sanierung in Gegenwart und Zukunft. Aber eine ganze Reihe von Betrieben hat durch die Beratung der Betriebsräte ein starkes Maß an Stabilisierung erfahren und erfährt sie immer noch.

*Ich würde gerne auf den Zusammenhang Ihrer Arbeit mit dem Arbeits- und Wirtschaftsrecht eingehen. Alle Privatisierungen müssen ja durch das Nadelöhr gesetzlicher Vorgaben. Berührt sind z. B. die §§ 111, 112 des Betriebsverfassungsgesetzes, also Betriebsänderungen, Interessenausgleich und Sozialplan. Alle Maßnahmen sind also mitbestimmungspflichtig, setzen also das Einverständnis der betrieblichen Akteure voraus.*

Die Entwicklung in den neuen Ländern hat sehr deutlich gezeigt, daß ein juristisches Instrument wie die beiden genannten Paragraphen, wenn sie

isoliert angewandt werden, der Dimension und Dramatik d〈• Aufgabe kei-
nesfalls gerecht werden. Sozialpläne wurden, man muß es leider so deutlich sagen, in Serie abgeschlossen, weil die Betriebe sich im freien Fall nach
unten befanden. Dies trug aber überhaupt nichts dazu bei, ökonomische
Stabilität zu erzeugen. Vielmehr war es ein immer wiederkehrender Ritus,
daß mit jeder Privatisierung ein Unternehmenskonzept für einen Betrieb
auf den Tisch kam, das primär darauf zielte, die Zahl der Beschäftigten zu
reduzieren. Gerade das führte dazu, das Vertrauen der Beschäftigten in die
Sanierungsfähigkeit der Verantwortlichen zu untergraben. Zwar konnte,
unterstützt durch den vorhandenen ökonomischen Druck und die offen-
sichtliche Ausweglosigkeit, der rechtliche Anspruch auf Abfindung geltend
gemacht werden, aber der Abschluß von Sozialplänen, die nicht eingebet-
tet waren in ein integriertes Maßnahmenpaket zur Verbesserung der Un-
ternehmenssituation, war zu keiner Zeit ein Beitrag zur Sanierung des Be-
triebes, zu einer nach vorne gerichteten Entwicklung.

Die Anwendung juristischer Instrumente ist nur vernünftig, wenn in den Betrieben gleichzeitig ein Prozeß eingeleitet wird, der das Arbeitsvermögen ein-
bezieht und eine Kompetenzerweiterung der Betriebsräte zum Gegenstand
hat. Erst dann steht der unvoreingenommenen Würdigung und Verbesserung
von Privatisierungs- und Sanierungskonzepten nichts mehr im Wege.

*Mit anderen Worten: Es geht darum, vor dem Einsatz juristischer Instrumente, die
der Komplexität der Aufgabe nicht gerecht werden, ein Verhandlungssystem aufzubauen, das in der Lage ist, die Kosten des Konflikts, ausgedrückt in Zeit, Geld, Konsens und Vertrauen, im Blick zu behalten. Akteure, die vor Ort Verantwortung übernehmen und mit gegenseitigen Zumutungen umzugehen wissen, sind Teil dieses Ver-
handlungssystems. Erst das Zusammenwirken ihres Handelns mit juristischen In-
strumenten, beispielsweise dem Betriebsverfassungsgesetz oder dem Arbeitsrecht, wird
zu mittel- und langfristig tragfähigen Lösungen führen.*

Die Entwicklung in den neuen Ländern hat auf jeden Fall gezeigt, daß es
ein Irrglaube war, alleine mit Interessenausgleich und Sozialplan die Betriebe sanieren zu können. Die hochexplosive Mischung aus drohendem
Konkurs, sozialem Abstieg und regionalen Defiziten erfordert Konfliktbe-
arbeitungsmethoden, die auf nachhaltige Lösungen ausgerichtet sind.

*Welche Konzepte für den Umgang mit Konflikten liegen Ihrem Handeln zugrunde?*

Über ein entwickeltes operatives Instrumentarium verfüge ich nicht. Eine
positive Einstellung zum Konzept des Learning by doing und die Inanspruchnahme von professionellen Beratern vor allem für Coaching und Su-

pervision waren für mich persönlich sicherlich wesentliche Stützen. Ich würde trotzdem sagen, daß ich einen großen Teil dieser Arbeit automatisiert und aus dem Bauch heraus gemacht habe. Ich denke, daß man innerhalb der Gewerkschaften solche Techniken und Methoden intuitiv lernt, weil unsere Arbeit generell sehr stark durch Konfliktmanagement und natürlich auch durch Konsensfindung geprägt ist. Allerdings haben wir begonnen, dieses Erfahrungswissen nun auch stärker konzeptionell aufzuarbeiten.[3]

*Kennen Sie das Harvard-Verhandlungskonzept?*

Ja, das habe ich gelesen. Es hat mich beeinflußt, allerdings nicht in der Weise, daß ich es bewußt anwende, geschweige denn internalisiert habe. Gleichwohl lassen sich meine Haltung und mein Handeln mit diesem Konzept beschreiben, beispielsweise dann, wenn es darum geht, einen Perspektivenwechsel vorzunehmen, sich in die Lage des Gegenübers zu versetzen und zu fragen, was macht das Verhalten eines Bankers, eines Mitarbeiters der Treuhandanstalt oder eines Konkursverwalters aus, ohne gleichzeitig deren politische oder auch Konfliktstrategie teilen zu müssen. Nur die Kenntnis und das Verstehen ihrer Sicht der Dinge versetzt mich in die Lage, auf ihre Haltung Einfluß zu nehmen.

*Das heißt, Sie haben versucht, die Rolle des anderen zu lernen, um zu prüfen, wie Sie ihn auf seine Rolle verpflichten können, welches Kooperationspotential vorhanden ist, was Sie ihm zumuten können und wo seine Grenzen liegen?*

Ja, vor allem welcher Logik seine Gedanken folgen.

*Das erfordert persönliches Stehvermögen. Welche Qualifikationen und Fähigkeiten darüber hinaus sind Ihnen bei Ihren Konfliktpartnern und Ihnen selbst am wichtigsten?*

Für ganz wesentlich halte ich persönliche Verläßlichkeit und die Stärke, verabredete Positionen auch durchzusetzen. Wenn Verhandlungspartner heute getroffene Verabredungen morgen schon für null und nichtig erklären und ihre Verantwortung leugnen, ist man sofort am Ende.

Es ist aber auch dann unabdingbar zu erkennen, was dieses Verhalten ausmacht, beispielsweise, ob sich der Gegenüber in organisationellen Abhängigkeiten befindet. Dann aber ist gemeinsam zu klären, wie man sich in seiner eigenen Organisation, in den eigenen Reihen verhalten kann, um ein

---

3 Hierzu kann eine Broschüre bestellt werden: „Sanierung und Konsolidierung in Ostdeutschland", Otto Brenner Stiftung (Hrsg.), Alte Jakobstraße 149, 10969 Berlin.

bestimmtes Verhandlungsergebnis realisieren zu können. Das erfordert Seriosität und Ernsthaftigkeit.

*Konfliktfähigkeit ist für Sie ein positiver Wert?*

Absolut.

*Am 1. Januar 1999 wird die neue Insolvenzordnung in Kraft treten. Dort sollen die Erfahrungen in Sanierungsprozessen im Osten ihren Niederschlag finden. Was erwarten Sie von dieser Gesetzesveränderung?*

Ich erwarte von der Praxis, daß die Bereitschaft gestärkt wird, die Wechselwirkung zwischen juristischen Entscheidungen und sozialen Prozessen anzuerkennen.

Diese neue Insolvenzordnung soll die Fortführung von Betrieben gerade vor dem Hintergrund der schwierigen ökonomischen Situation ermöglichen. Das erfordert ein Verhandlungsmodell in den Betrieben, wie es vorhin dargestellt wurde. Gestützt durch die Politik müssen in den Unternehmen Qualifikationsmaßnahmen in den Bereichen Konfliktmanagement und soziale Prozeßorganisation gefördert werden, um dieses Insolvenzrecht mit entsprechendem Leben auszufüllen. Allerdings hat dies einige schnöde ökonomische Voraussetzungen. Wenn ein Betrieb fortgeführt werden soll, muß man sich natürlich auch die Frage stellen, wie das Kapital beschafft werden kann. Unterschiedliche Aufforderungen finanzieller, rechtlicher, förderungspolitischer, aber auch qualifikatorischer Art treffen aufeinander.

*Das verweist darauf, daß bei der Vielzahl von an diesem komplexen Prozeß beteiligten Disziplinen und Professionen Verbindungswissen und gemeinsame Verfahrenskompetenz not tun, um konstruktive, inhaltliche Auseinandersetzungen führen zu können. Mediation hat den Anspruch, hier zu unterstützen und Verfahren anbieten zu können, die es den Beteiligten erleichtern, zueinander zu finden.*

Ich stimme Ihnen zu und wünsche mir, daß alle Beteiligten, auch die Juristen, sich diesbezüglich weiterbilden. Gleichzeitig halte ich es für angebracht, die Einbindung von Mediatoren in diese Verfahren zu institutionalisieren.

*Wir danken Ihnen für dieses Gespräch.*

# Literaturverzeichnis

## 1. Mediation allgemein

*Behrens, Fritz*, Außergerichtliche Streitbeilegung in Zivilsachen, RuP 1997, S. 73–83.

*Besemer, Christoph*, Mediation – Vermittlung in Konflikten, 3. Aufl., Darmstadt, 1995.

*Bierbrauer, Günter/Gottwald, Walther*, Einwilligung und Anordnung: Zur Frage der unterschiedlichen Befolgung bei konsensueller und autoritativer Regelung, in: *Gottwald, Walther/Hutmacher, Wolfgang/Röhl, Klaus F./Strempel, Dieter*, Der Prozeßvergleich – Möglichkeiten, Grenzen, Forschungsperspektiven, Köln, 1983, S. 191.

*Bierbrauer, Günter*, Gerechtigkeit und Fairneß im Verfahren. Ein sozialpsychologischer Ansatz zur Beilegung von Konflikten, in: *Blankenburg, Erhard/Gottwald, Walther/Strempel, Dieter*, Alternativen in der Ziviljustiz – Berichte, Analysen, Perspektiven, Köln, 1982, S. 317.

*Blankenburg, Erhard/Klausa, Ekkehard/Rottleuthner, Hubert*, Alternative Rechtsformen und Alternativen zum Recht, Jahrbuch für Rechtssoziologie und Rechtstheorie Band VI, Opladen, 1980.

*Blankenburg, Erhard/Gottwald, Walther/Strempel, Dieter*, Alternativen in der Ziviljustiz – Berichte, Analysen, Perspektiven, Köln, 1982.

*Blankenburg, Erhard*, Schieds- und Schlichtungsstellen im Kontext der Diskussion von „Alternativen zur Ziviljustiz", in: *Morasch, Hellmut*, Schieds- und Schlichtungsstellen in der Bundesrepublik. Praxisanalyse und Perspektiven aus dem Kolloquium der GMD, Köln, 1984, S. 9.

*Blankenburg, Erhard*, Unbegrenztes Wachstum beim Geschäftsanfall der Gerichte, in: *Blankenburg, Erhard/Simsa, Christiane/Stock, Johannes/Wolff, Heimfried*, Mögliche Entwicklungen im Zusammenspiel von außer- und innergerichtlichen Konfliktregelungen. Untersuchungen im Auftrag des Bundesministeriums der Justiz, 2 Bände, Speyer, 1990.

*BRAK – Ausschuß ‚Mediation‘,* Schlußbericht des BRAK – Ausschusses Mediation, BRAK – Mitt. 1996, S. 186–188.

*Breidenbach, Stephan,* Mediation – Struktur, Chancen und Risiken von Vermittlung im Konflikt, Köln, 1995.

*Breidenbach, Stephan/Henssler, Martin,* Mediation für Juristen – Konfliktbearbeitung ohne gerichtliche Entscheidung, Köln, 1997.

*Buehring-Uhle, Christian,* Das Harvard Negotiation Project, in: *Gottwald, Walther/Strempel, Dieter,* Streitschlichtung, Köln, 1995, S. 75–76.

*Bühl, Walter L.,* Theorien sozialer Konflikte, Darmstadt, 1976.

*Cappelletti, Mauro/Garth, Bryant/Trocker, Nicole,* Access to Justice. Variations and Continuity of a World-Wide Movement, RabelsZ 46, 664 (1982).

*Demant, Bernd/Dotterweich, Jörg/Morasch, Hellmut/Reichelt, Peter,* Ergebnisse aus einer Umfrage über die Praxis der Schieds- und Schlichtungsstellen, in: *Morasch, Hellmut,* Schieds- und Schlichtungsstellen in der Bundesrepublik. Praxisanalyse und Perspektiven aus einem Kolloquium der GMD, Köln, 1984, S. 11.

*Deutsches Familienrechtsforum,* Modelle alternativer Konfliktregelungen in der Familienkrise, Schriftenreihe des Deutschen Familienrechtsforums, Bd. 3, Stuttgart, 1982.

*Diez, Hannelore/Krabbe, Heiner,* Was ist Mediation? Praktische Gebrauchsanleitung für ein außergerichtliches Vermittlungsverfahren, in: *Krabbe, Heiner,* Scheidung ohne Richter. Neue Lösungen für Trennungskonflikte, Reinbek bei Hamburg, 1991, S. 109.

*Eidmann, Dorothee/Roethe, Thomas,* Zur Logik gesellschaftlicher Konfliktregelung am Beispiel professionalisierten juristischen Handelns und von Schlichtungsverfahren, Zentrum für Europäische Rechtspolitik an der Universität Bremen, ZERP-DP 3/91, 1991.

*Ekelöf, Per Olof,* Güteversuch und Schlichtung, in: Gedächtnisschrift für Rudolf Bruns, München, 1980, S. 3.

*Falke, Josef/Gessner, Volkmar,* Konfliktnähe als Maßstab für gerichtliche und außergerichtliche Streitbehandlung, in: *Blankenburg, Erhard/Gottwald, Walther/Strempel, Dieter,* Alternativen in der Ziviljustiz – Berichte, Analysen, Perspektiven, Köln, 1982, S. 289.

*Felstiner William L. F./Abel, Richard/Sarat, Augstin,* The Emergence and Transformation of Disputes. Naming, Blaming, Claiming, 15 Law & Society Review, 631 (1981).

*FernUniversität Hagen* – FB Rechtswissenschaft, Weiterbildendes Studium Mediation – Konfliktbewältigung – Rhetorik – Verhandeln, unveröff. Papier 1998.

*Fisher, Roger/Ury, William/Patton, Bruce,* Getting to Yes, New York, 2. Aufl., 1991; deutsch: Das Harvard Konzept, Frankfurt, 1994.

*Galanter, Marc S.,* The Quality of Settlement, 1988 Journal of Dispute Resolution, 55 (1988).

*Goldberg, Stephen B./Green, Eric D./Sander, Frank E. A.,* Dispute Resolution, Boston, Toronto, 1985.

*Goldberg, Stephen B./Sander, Frank E. A./Rogers, Nancy H.,* Dispute Resolution. Negotiation, Mediation, and Other Processes. Boston, Toronto, 1992.

*Gottwald, Walther,* Streitbeilegung ohne Urteil. Vermittelnde Konfliktregelung alltäglicher Streitigkeiten in den Vereinigten Staaten aus rechtsvergleichender Sicht, Tübingen, 1981.

*Gottwald, Walther/Hutmacher, Wolfgang/Röhl, Klaus F./Strempel, Dieter,* Der Prozeßvergleich – Möglichkeiten, Grenzen, Forschungsperspektiven, Köln, 1983.

*Gottwald, Walther/Haft, Fritjof,* Verhandeln und Vergleichen als juristische Fertigkeiten, Tübingen, 1987.

*Gottwald, Walther/Strempel, Dieter,* Streitschlichtung – Rechtsvergleichende Beiträge zur außergerichtlichen Streitbeilegung, Köln, 1995.

*Gottwald, Walther/Strempel, Dieter/Beckedorff, Rainer F./Linke, Udo,* Außergerichtliche Konfliktbeilegung (AKR – Handbuch), Neuwied, Kriftel, Berlin, 1997.

*Gottwald Walther,* Rechtspflege als Konfliktmanagement, Universitas, 1996, S. 746.

*Gottwald Walther,* Alternativen in der Rechtspflege, BRAK – Mitt. 2/1998, S. 60–68.

*Habermann, Lothar,* Schiedskommissionen in der DDR – Eine Dokumentation, in: *Rennig, Christoph/Strempel, Dieter,* Justiz im Umbruch – Rechtstatsächliche Studien zum Aufbau der Rechtspflege in den neuen Bundesländern, Köln, 1996, S. 191.

*Haft, Fritjof,* Verhandeln. Die Alternative zum Rechtsstreit, München, 1992.

*Haynes, John M.,* Divorce Mediation. A Practical Guide for Therapists and Counselors, New York, 1981.

*Hoellering, Michael F.,* Emerging Techniques of Private Dispute Resolution in Long-Term Contracts, in: *Nicklisch, Fritz,* Der komplexe Langzeitvertrag. Strukturen und Internationale Schiedsgerichtsbarkeit, Heidelberg, 1987.

*Hoffmann-Riem, Wolfgang/Schmidt-Aßmann, Eberhard,* Konfliktbewältigung durch Verhandlungen, 2 Bände, Baden-Baden, 1990.

*Hoffmann-Riem, Wolfgang,* Konfliktbewältigung in einer angebotsorientierten Rechtsschutzordnung, ZRP 1997, S. 190–198.

*Holtwick-Mainzer, Andrea,* Der übermächtige Dritte. Eine rechtsvergleichende Untersuchung über den streitschlichtenden und streitentscheidenden Dritten, Berlin, 1985.

*Kotzorek, Andreas,* Der Einfluß nicht-pekuniärer Prozeßkosten auf die Chancen der Rechtsdurchsetzung, in: *Blankenburg, Erhard/Klages, Helmut/ Strempel, Dieter,* Überlegungen zu einer Strukturanalyse der Zivilgerichtsbarkeit. Vorträge des Sonderseminars am 9./10. Januar 1987 „Strukturanalyse der Rechtspflege", Speyer, 1987, S. 41.

*Morasch, Hellmut,* Schieds- und Schlichtungsstellen in der Bundesrepublik – Praxisanalyse und Perspektiven aus einem Kolloquium der GMD, Köln, 1984.

*Morasch, Hellmut/Blankenburg, Erhard,* Schieds- und Schlichtungsstellen – ein noch entwicklungsfähiger Teil der Rechtspflege, ZRP 1985, 217.

*Niederländer, Loni,* Ehemalige Konfliktkommissionen in der DDR, Zeitschrift für Rechtssoziologie (ZfRSoz), 1990, S. 305.

*Nothdurft, Werner/Spranz-Fogasy, Thomas,* Der kulturelle Kontext von Schlichtungen. Zum Stand der Schlichtungs-Forschung in der Rechts-Anthropologie, ZfRSoz 7, 31 (1986).

*Proppe, Helmut/Krapp, Thea,* Außergerichtliche Verfahren – Alternative zur Ziviljustiz, JA 1990, 65.

*Prütting, Hanns,* Schlichten statt Richten? JZ 1985, 261.

*Raiser, Thomas,* Das lebende Recht – Rechtssoziologie in Deutschland, 3. Aufl., Baden-Baden, 1995, S. 305.

*Ray, Larry,* Community Concerns Advance Mediation Movement, in: SPIDR Society of Professionals in Dispute Resolution, Creative Approaches to Dispute Resolution. 1982 Proceedings. Tenth Annual Conference, S. 55.

*Rehbinder, Manfred,* Rechtssoziologie, Berlin, New York, 1993, S. 212.

*Riehl, Jürgen,* Rechtsschutzversicherungen, in: *Gottwald/Strempel/Beckedorff/ Linke,* Außergerichtliche Konfliktregelung (AKR – Handbuch), Kriftel, Neuwied, Berlin, 1997, 2.1.5, S. 1–18

*Röhl, Klaus F.,* Rechtspolitische und ideologische Hintergründe der Diskussion über Alternativen zur Justiz, in: *Blankenburg, Erhard/Gottwald, Walther/Strempel, Dieter,* Alternativen in der Ziviljustiz – Berichte, Analysen, Perspektiven, Köln, 1982, S. 15.

*Röhl, Klaus F.,* Rechtssoziologie. Ein Lehrbuch, Köln, Berlin, Bonn, München, 1987, S. 469.

*Röhl, Klaus F.,* Gibt es eine lehr- *oder* lernbare Technik *des Vergleichs?* in: *Gottwald, Walther/Hutmacher, Wolfgang/Röhl, Klaus F./Strempel, Dieter,* Der Prozeßvergleich – Möglichkeiten, Grenzen, Forschungsperspektiven-, Köln, 1983, S. 209.

*Rokumoto, Kahei,* Tschotei (Schlichtung) – Eine japanische Alternative zum Recht: Verfahren, Praxis und Funktionen, in: *Blankenburg, Erhard/Klausa, Ekkehard/Rottleuthner, Hubert,* Alternative Rechtsformen und Alternativen zum Recht, Jahrbuch für Rechtssoziologie und Rechtstheorie Band VI., Opladen, 1980, S. 390.

*Rosenberg, Maurice,* Devising Procedures That Are Civil to Promote Justice That is Civilized, 69, Michigan Law Review, 797 (1971).

*Rosenberg, Maurice,* Court Congestion: Status, Causes, and Proposed Remedies, in: *Jones, Harry W. (ed.),* The Courts, The Public and the Law Explosion, Englewood Cliffs, New York, 1965.

*Sander, Frank E. A.,* Alternative Methods of Dispute Resolution: An Overview, 37 University of Florida Law Review, 1 (1985).

*Sander, Frank E. A.,* Gerichtliche und außergerichtliche Streitbeilegung – Überblick über Erfahrungen in den USA, in: *Gottwald, Walther/Strempel, Dieter,* Streitschlichtung, Köln, 1995, S. 31–42.

*Schlosser, Peter,* Alternative Dispute Resolution (uno stimulo alla riforma per l'Europa?), Rivista di Diritto Processuale 1989, 1005.

*Schubert, Karin,* Immer Richten statt Schlichten, NJ 1997, S. 337–338.

*Schuster, Paul,* Zivilprozeß und Güteverfahren, in: *Blankenburg, Erhard/Gottwald, Walther/Strempel, Dieter,* Alternativen in der Ziviljustiz – Berichte, Analysen, Perspektiven, Köln, 1983, S. 189.

*Shonholtz, Raymond,* The Citizen's Role in Justice: Building a Primary Justice and Prevention System at the Neighborhood Level, 494 The Annals of the American Academy of Political and Social Science, 42 (1987).

*Shonholtz, Raymond,* Neighborhood Justice Systems: Work, Structure, and Guiding Principles, 5 Mediation Quaterly, 3 (1984).

*Simsa, Christiane,* Forschungen zur AKR bei Verkehrsunfällen, in: *Gottwald/Strempel/Beckedorff/Linke,* Außergerichtliche Konfliktregelung (AKR – Handbuch), Kriftel, Neuwied, Berlin, 1997, 2.2.4.2, S. 1–9.

*Stock, Johannes/Thünte, Petra-Ida/Wolff, Heimfried,* Schnittstellen von außer- und innergerichtlicher Konfliktberatung im Zivilrecht, Köln, 1995.

*Stock, Johannes/Wolff, Heimfried/Thünte, Petra-Ida,* Strukturanalyse der Rechtspflege – Bilanz eines Forschungsprogramms des Bundesministeriums der Justiz, Köln, 1996, S. 34.

*Strempel, Dieter,* Alternativen in der Ziviljustiz, in: *Voigt, Rüdiger,* Gegentendenzen zur Verrechtlichung, Jahrbuch für Rechtssoziologie und Rechtstheorie Bd. IX, Opladen, 1983, S. 186.

*Strempel, Dieter,* Schnittstelle zwischen forensischer und außerforensischer Konfliktregelung, in: *Hoppe, Werner/Krawietz, Werner/Schulte, Martin,* Rechtsprechungslehre, 2. Intern. Symposium Münster 1988, Köln, Bonn, Berlin, München, 1992, S. 245.

*Strempel, Dieter,* Der japanische Beitrag zur Fortentwicklung außerforensischer und vermittelnder Konfliktregelung in der BRD, in: *Leser, Hans G.,*

Wege zum japanischen Recht, Festschrift für Zentaro Kitagawa zum 60. Geburtstag, Berlin, 1992, S. 789.

*Trubek, David M.*, Turning Away From Law, 82 Michigan Law Review, 824 (1984).

*Ury, William L./Brett, Jeanne M./Goldberg, Stephen B.*, Getting Disputes Resolved – Designing Systems to Cut the Costs of Conflict, San Francisco, London, 1988.

*Ury, William L./Brett, Jeanne M./Goldberg, Stephen B.*, Konfliktmanagement, Frankfurt, 1991.

*Wasilewski, Rainer*, Streitverhütung durch Rechtsanwälte. Empirische Untersuchung von Umfang, Struktur und Bedingungen außergerichtlicher Beilegung zivilrechtlicher Streitigkeiten durch Rechtsanwälte, Köln, Essen, 1990.

*Watzlawick, Paul/Beavin, Janet H./Jackson, Don D.*, Menschliche Kommunikation. Formen, Störungen, Paradoxien. 4. Aufl., Bern, Stuttgart, Wien, 1974.

## 2. Rechtsanwälte/Notare

*American Bar Association Directory of Law School*, Alternative Dispute Resolution Courses and Programs, Washington, D.C., 1990.

*Arbeitsgemeinschaft Rechtsanwälte im Medizinrecht e.V (Hrsg.)*, Gutachterkommission und Schlichtungsstelle. Anspruch, Praxis, Perspektiven, Berlin u.a., 1990.

*Bandisch, Günter*, Zur Vermittlertätigkeit von Rechtsanwälten, in: *Blankenburg, Erhard/Gottwald, Walther/Strempel, Dieter*, Alternativen in der Ziviljustiz – Berichte, Analysen, Perspektiven, Köln, 1982, S. 41.

*Blankenburg, Erhard*, Rechtshilfebedürfnis und Rechtsberatung – Theoretische Überlegungen zu rechtspolitischen Diskussion in der Bundesrepublik Deutschland, in: *Blankenburg, Erhard/Kaupen, Wolfgang*, Rechtsbedürfnis und Rechtshilfe. Empirische Ansätze im internationalen Vergleich, Jahrbuch für Rechtssoziologie und Rechtstheorie, Bd. V, Opladen, 1978, S. 231.

*Busse, Felix*, Die obligatorische Streitschlichtung – Eine Herausforderung an die Anwaltschaft, AnwBl. 1997, S. 522–524.

*Grisebach, Klaus*, Bemerkungen zu dem Muster eines Schlichtungsvertrages, AnwBl. 1993, 261 ff.

*Henseler, Deborah R.*, Court-Annexed Arbitration, in: *Fine, Erika S./Plapinger, Elizabeth S.*, ADR and the Court. A Manual for Judges and Lawyers, New York, 1987, S. 23.

*Limusen, Peter,* AKR aus notarieller Sicht, in: *Gottwald/Strempel/Beckedorff/Linke,* Außergerichtliche Konfliktregelung (AKR – Handbuch), Kriftel, Neuwied, Berlin 1997, 2.3.3, S. 1–13.

*Mähler, Gisela/Mähler, Hans-Georg,* Mediation, in: Becksches Rechtsanwaltshandbuch, 1997/1998, S. 1007–1031.

*Matschke, Wolfgang,* Anwaltliche Konfliktbeilegung, AnwBl. 1993, S. 259 ff.

*Ponschab, Reiner,* Anwaltschaftliche Schlichtung – Privatisierung der Justiz, Interessenwahrnehmung oder Parteiverrat? AnwBl. 1993, 430.

*Ponschab, Reiner/Schweizer, Adrian,* Kooperation statt Konfrontation – Neue Wege anwaltlichen Verhandelns, Köln, 1997.

*Riskin, Leonard L.,* Mediation and Lawyers, 43 Ohio State Law Journal, 29 (1982).

*Schumann, Carola,* Anwaltliche Rechtsproduktion als Aushandlungsprozeß, in: *Bryde, Brun-Otto/Hoffmann-Riem, Wolfgang (Hrsg.),* Rechtsproduktion und Rechtsbewußtsein, Baden-Baden, 1988, S. 39.

*Stürner, Rolf,* Die Aufgabe des Richters, Schiedsrichters und Rechtsanwaltes bei der gerichtlichen Streiterledigung, JR 1979, 133.

## 3. Schiedspersonen

*Röhl, Klaus F.,* Das Güteverfahren vor dem Schiedsmann, Köln u.a., 1987.

*Väth, Erhard,* Scheidungspersonen, in: *Gottwald/Strempel/Beckedorff/Linke,* Außergerichtliche Konfliktregelung (AKR – Handbuch), Kriftel, Neuwied, Berlin, 1997, 5.1.3, S. 1–7.

## 4. Pädagogen/Schule

*Braun, G./Hünicke,* Streitschlichtung, Raabe Verlag, 1994.

*Faller K./Kerntke, W/Wackermann, M.,* Konflikte selber lösen. Ein Trainingshandbuch für Mediation und Konflikte in Schule und Jugendarbeit, Verlag an der Ruhr, Mülheim/Ruhr, 1996.

*Hagedorn, Ortrun,* Konfliktlotsen, Stuttgart, 1995.

*Walker, Jamie,* Schriftenreihe des Pädag. Zentrums Berlin: Konstruktive Konfliktbehandlung im Klassenzimmer 1–7, Berlin 1991–1996.

# 5. Familie/Scheidung/Jugend

*Bericht des Arbeitskreises 5*, „Außergerichtliche Beratung und Hilfestellung für Familien vor, während und nach dem Scheidungsverfahren" in: 8. Deutscher Familiengerichtstag in Brühl, Brühler Schriften zum Familienrecht Band 6, Bielefeld, 1990, S. 68.

*Bericht des Arbeitskreises 6*, „Die Betreuung der Scheidungsfamilien nach dem KJHG" in: 9. Deutscher Familiengerichtstag in Brühl, Brühler Schriften zum Familienrecht Band 7, Bielefeld, 1992, S. 91.

*Bericht des Arbeitskreises 7*, „Interdisziplinäres Zusammenwirken im Sorge-und Umgangsrechtsverfahren" in: 9. Deutscher Familiengerichtstag in Brühl, Brühler Schriften zum Familienrecht Band 7, Bielefeld, 1992, S. 92.

*Bericht des Arbeitskreises 18*, „Divorce mediation: Möglichkeiten und Grenzen" in: 9. Deutscher Familiengerichtstag in Brühl, Brühler Schriften zum Familienrecht Band 7, Bielefeld, 1992, S. 105.

*Bericht des Arbeitskreises 19*, „Familiengerichtsverfahren – Richter und Anwälte zwischen Engagement und Resignation" in: 6. Deutscher Familiengerichtstag in Brühl, Brühler Schriften zum Familienrecht Band 4, Bielefeld, 1986, S. 89.

*Brehme, Merve*, Die Zusammenarbeit von Juristen und psychsozialen Berufen. Erfahrungsberichte einer Berliner Familienrichterin, in: *Krabbe, Heiner*, Scheidung ohne Richter. Neue Lösungen für Trennungskonflikte, Reinbek bei Hamburg, 1991, S. 226.

*Duss-von Werth, Josef/Mähler, Gisela/Mähler, Hans-Georg*, Mediation: Die andere Scheidung, Stuttgart, 1995.

*Eschweiler, Peter*, Familiengerichtliches Verfahren, Familiendynamik 1992, 373.

*Figdor, Helmuth*, Scheidung als Katastrophe oder Chance für die Kinder? In: 8. Deutscher Familiengerichtstag in Brühl, Brühler Schriften zum Familienrecht Band 6, S. 21.

*Fthenakis, W. E./Kunze; R.*, Trennung und Scheidung und ihre Bedeutung für das Familiensystem, in *Faltermeyer, J./Fuchs, P.*, Trennungs- und Scheidungsberatung durch die Jugendhilfe. Klärung der Rolle und Aufgaben öffentlicher und freier Träger, Frankfurt am Main, 1992, S. 39.

*Gary, Friedman*, Die Scheidungsmediation, Anleitung zu einer fairen Trennung, 1996.

*Haffke, Bernhard*, Legitimation von Mediation im deutschen Rechtsraum, in: Mediation in Familiensachen. Alternative Lösungswege für Trennungskonflikte. Entwicklungen – Möglichkeiten – Perspektiven, Evangelische Akademie Bad Boll, Protokolldienst 30/1993, S. 53 ff.

*Haynes, John M./Bastine, Reiner,* Scheidung ohne Verlierer, Kösel, 1993.

*Haynes, John M./Bastine, Reiner/Link, Gabriele/Mecke, Axel,* Scheidung ohne Verlierer. Ein neues Verfahren, sich einvernehmlich zu trennen. Mediation in der Praxis, München, 1993.

*Krabbe, Heiner,* Scheidung ohne Richter. Neue Lösungen für Trennungskonflikte, Hamburg, 1991.

*Limbach, Jutta,* Kann und soll das Familienrecht Normen für das Konfliktverhalten bieten? in: *Deutsches Familienrechtsforum,* Modelle alternativer Konfliktregelungen in der Familienkrise, Schriftenreihe des Deutschen Familienrechtsforums, Bd. 3, Stuttgart, 1982, S. 130.

*Link, Gabriele/Bastine, Reiner,* Ergebnisse der Scheidungsmediation, Zeitschrift für Familienforschung 2, 136.

*Mähler, Gisela/Mähler, Hans-Georg,* Trennungs- und Scheidungsmediation in der Praxis, Familiendynamik 1992, 347.

*Mähler, Gisela/Mähler, Hans-Georg,* Das Verhältnis von Mediation und richterlicher Entscheidung. Eine rechtliche Standortbestimmung, in: *Krabbe, Heiner,* Scheidung ohne Richter. Neue Lösungen für Trennungskonflikte, Reinbek bei Hamburg, 1991, S. 148.

*Mähler Hans-Georg,* Mediation bei Trennung und Scheidung: Ursprung und Ziele, in: Mediation in Familiensachen. Alternative Lösungswege für Trennungskonflikte. Entwicklungen – Möglichkeiten – Perspektiven, Evangelische Akademie Bad Boll, Protokolldienst 30/1993, S. 4 ff.

*Mähler, Hans-Georg/Mähler, Gisela/Duss-von Werth, Josef,* Faire Scheidung durch Mediation, München, 1994.

*Prestien, Hans-Christian,* Familiendynamisch begründete Interventionsansätze: Richterlicher Dialog mit den Betroffenen, in: *Deutsches Familienrechtsforum,* Modelle alternativer Konfliktregelungen in der Familienkrise, Schriftenreihe des Deutschen Familienrechtsforums, Bd. 3, Stuttgart, 1982, S. 75.

*Proksch, Jürgen,* Scheidungsfolgenvermittlung (Divorce Mediation) – ein Instrument integrierter familiengerichtlicher Hilfe. Vorschläge zu einem kooperativen Entscheidungsmodell am Beispiel der Scheidungsfolgensache „elterliche Sorge", FamRZ 1989, 916.

*Proksch, Roland,* Vermittlung (Mediation) in streitigen Sorge- und Umgangsrechtsverfahren, Familiendynamik 1992, 395.

*Proksch, Roland,* Die Geschichte der Mediation, in: *Krabbe, Heiner,* Scheidung ohne Richter. Neue Lösungen für Trennungskonflikte, Reinbek bei Hamburg, 1991, S. 170.

*Rottleuthner, Hubert,* Rechtssoziologische Anmerkungen zu Alternativen bei der Bearbeitung von Familienkonflikten, in: *Deutsches Familienrechtsforum,*

Modelle alternativer Konfliktregelungen in der Familienkrise, Schriftenreihe des Deutschen Familienrechtsforums, Bd. 3, Stuttgart, 1982, S. 65.

*Stange, Wilfried,* Konfliktsteuerung durch Teamberatung, in: *Deutsches Familienrechtsforum,* Modelle alternativer Konfliktregelungen in der Familienkrise, Schriftenreihe des Deutschen Familienrechtsforums, Bd. 3, Stuttgart, 1982, S. 95.

*Strecker, Christoph,* Versöhnliche Scheidung, Berlin, 1994.

*Strempel, Dieter,* Familiensachen – Gerichtliche und außergerichtliche Konfliktlösungen. Ein Vergleich, in: *Krabbe, Heiner,* Scheidung ohne Richter. Neue Lösungen für Trennungskonflikte, Reinbek bei Hamburg, 1991, S. 236.

*Wirsching, Michael,* Familiendynamik als Herausforderung an das Recht. Der Anspruch der Familiendynamik auf Berücksichtigung im Familienrecht, in: *Deutsches Familienrechtsforum,* Modelle alternativer Konfliktregelungen in der Familienkrise, Schriftenreihe des Deutschen Familienrechtsforums, Bd. 3, Stuttgart, 1982, S. 21.

# 6. Täter-Opfer-Ausgleich

*Bundesministerium der Justiz,* Bestandsaufnahme zur Praxis des Täter-Opfer-Ausgleichs in der Bundesrepublik Deutschland, Bonn, 1991.

*Bundesministerium der Justiz,* Täter-Opfer-Ausgleich. Bonner Symposium, Bonn, 1992.

*Delattre, Gerd,* Täter-Opfer-Ausgleich im Strafrecht, in: *Gottwald/Strempel/ Beckedorff/Linke,* Außergerichtliche Konfliktregelung (AKR – Handbuch), Kriftel, Neuwied, Berlin, 1997, 5.2.13, S. 1–16.

*Delattre, Gerd/Neiderhöfer, Christian,* TOA und Zivilrecht, Bd. 33, Bonn, 1995.

*Felstiner, William L. F/Williams, Lynne,* Mediation as an Alternative to Criminal Prosecution: Ideology and Limitations, in: *Blankenburg, Erhard/Klausa, Ekkehard/Rottleuthner, Hubert,* Alternative Rechtsformen und Alternativen zum Recht, Jahrbuch für Rechtssoziologie und Rechtstheorie Band VI., Opladen, 1980, S. 195.

*Marks, E./Meyer, K,* Wiedergutmachung und Strafrechtspraxis. Erfahrungen und neue Ansätze, Gesetzesvorschläge, Schriftenreihe der Deutschen Bewährungshilfe e.V., Bonn, 1993.

*Marks, E./Rössner, D.,* Täter Opfer Ausgleich. Vom zwischenmenschlichen Weg zur Wiederherstellung des Rechtsfriedens, Bonn, 1989.

*Pfeiffer, Christian,* Täter-Opfer-Ausgleich – das Trojanische Pferd im Strafrecht? ZRP 1992, 338.

# 7. Umwelt

*Arbeitsgemeinschaft für Umweltfragen e.V. (AGU)*, Umweltmediation in Deutschland, Das Umweltgespräch – Schriftenreihe AGU, Bonn, 1995.

*Bacow, Lawrence S./Wheeler, Michael*, Environmental Dispute Resolution, New York, 1984.

*Fietkau, Hans-Joachim/Weidner, Helmut*, Mediationsverfahren in der Umweltpolitik. Erfahrungen in der Bundesrepublik Deutschland, in: Aus Politik und Zeitgeschichte (Beilage zur Wochenzeitung das Parlament) v. 18. 9. 1992, B 39–40, S. 24.

*Gaßner, H./Holznagel, B./Lahl, U.*, Mediation. Verhandlungen als Mittel der Konsensfindung bei Umweltstreitigkeiten, Bonn, 1992.

*Zilleßen, Horst*, Alternative Dispute Resolution – Ein neuer Verfahrensansatz zur Optimierung politischer Entscheidungen – Lokale Konfliktregelung durch kooperative Verhandlung und Vermittlung, in: Stiftung MITARBEIT (Hrsg.): Demokratie vor Ort, Bonn, 1991.

*Zilleßen, Horst (Hrsg.)*, Mediation, Kooperatives Konfliktmanagment in der Umweltpolitik, Opladen, Rheinbeck, 1998.

*Zilleßen, Horst/ Barbian, Thomas*, Neue Konfliktregelung in der Umweltpolitik, in: Aus Politik und Zeitgeschichte B 39/40, 1992.

*Zilleßen, Horst/Dienel/Strubelt (Hrsg.)*, Die Modernisierung der Demokratie, Westdeutscher Verlag, Opladen, 1994.

*Zilleßen, Horst*, Umweltmediation, in: *Gottwald/Strempel/Beckedorff/Linke*, Außergerichtliche Konfliktregelung (AKR – Handbuch), Kriftel, Neuwied, Berlin, 1997, 5.2.15, S. 1–19.

# 8. Arbeit/Wirtschaft/Verbraucher

*Budde, Andrea*, Mediation im Bereich betrieblicher Konflikte, in: *Gottwald/Strempel/Beckedorff/Linke*, Außergerichtliche Konfliktregelung (AKR – Handbuch), Kriftel, Neuwied, Berlin, 1997, 5.2.4, S. 1–8.

*Coulson, Robert*, Business Mediation – What you need to know, New York, 1987.

*Erkelenz, Gabriele*, Schlichtungsstellen aus der Sicht der Verbraucher, in: *Morasch, Hellmut*, Schieds- und Schlichtungsstellen in der Bundesrepublik, Praxisanalyse und Perspektiven aus einem Kolloquium der GMD, Köln, 1984, S. 149.

*Garth, Bryant G.*, How Consumer Remedies Fail, 81 Michigan Law Review, 984 (1983).

*Hoeven, Thomas*, Der Bankenombusmann, in: *Gottwald/Strempel/Beckedorff/ Linke*, Außergerichtliche Konfliktregelung (AKR – Handbuch), Kriftel, Neuwied, Berlin, 1997, 5.2.2, S. 1–14.

*van Raden, Lutz*, Gewerblicher Rechtsschutz, in: *Gottwald/Strempel/Beckedorff/ Linke*, Außergerichtliche Konfliktregelung (AKR-Handbuch), Kriftel, Neuwied, Berlin, 1997, 5.2.6, S. 1–17.

*Reich, Norbert*, Alternative zur Ziviljustiz im Verbraucherschutz – Überlegungen zur Bedeutung von Schieds- und Schlichtungsverfahren, in: *Blankenburg, Erhard/Gottwald, Walther/Strempel, Dieter*, Alternativen in der Ziviljustiz – Berichte, Analysen, Perspektiven, Köln, 1982, S. 219.

*Reitner, Udo/Volkmar, Michael*, Neue Formen der Verbraucherrechtsberatung, Frankfurt, New York, 1988.

*Reitner, Udo/Veit, Susanne*, Schuldnerberatung – Außergerichtliche Streitbeilegung in der Insolvenz, in: *Gottwald/Strempel/Beckedorff/Linke*, Außergerichtliche Konfliktregelung (AKR-Handbuch), Kriftel, Neuwied, Berlin, 1997, 2.1.6, S. 1–23.

*Schönholz, Siegfried*, Alternativen im Gerichtsverfahren. Zur Konfliktlösung vor dem Arbeitsgericht unter besonderer Berücksichtigung des Prozeßvergleichs, Amsterdam, 1984.

*Singer, Linda R.*, Settling Disputes. Conflict Resolution in Business, Families, and the Legal System, Boulder, San Francisco, London, 1990

# 9. Bau/Miete

*Boysen, Uwe/Plett, Konstanze*, Bausachen: Bauschlichtungsstellen, in *Gottwald/Strempel/Beckedorff/Linke*, Außergerichtliche Konfliktregelung (AKR – Handbuch), Kriftel, Neuwied, Berlin, 1997, 5.7.3, S. 1 ff.

*Plett, Konstanze/Boysen, Uwe*, Wohnung: Mietschlichtung, in: *Gottwald/Strempel/Beckedorff/Linke*, Außergerichtliche Konfliktregelung (AKR – Handbuch), Kriftel, Neuwied, Berlin, 1997, 5.2.19, S. 1 ff.

*Schulz-Rackoll, Rolf*, Der Wohnungs-Mietprozeß, in: *Röhl, Klaus F.*, Der Vergleich im Zivilprozeß. Untersuchungen an einem großstädtischen Amtsgericht, Opladen, 1983, S. 239.

*Schulz-Rackoll, Rolf*, Die Verrechtlichung von Mietkonflikten zur Durchsetzung partikularer Interessen, ZfRSoz 4, 268 (1983).

# 10. Ärzte/Pflege

*Ellermann, Rolf,* Ärztliche Schlichtungsstellen im Brennpunkt, Sankt Augustin, 1987.

*Franzki, Harald,* Gutachterkommission und Schlichtungsstellen – Anspruch, Praxis, Perspektiven, in: *Arbeitsgemeinschaft Rechtsanwälte im Medizinrecht e.V (Hrsg.),* Gutachterkommissionen und Schlichtungsstellen. Anspruch, Praxis, Perspektiven, Berlin u.a., 1990, S. 69.

*Siegmann, Gerhard,* Außergerichtliche Konfliktregelung im Bereich der Arzthaftung, in: *Gottwald/Strempel/Beckedorff/Linke,* Außergerichtliche Konfliktregelung (AKR – Handbuch), Kriftel, Neuwied, Berlin, 1997, 5.2.1, S. 1–17.

*Stegers, Christoph M.,* Das Verfahren vor der Gutachterkommission für ärztliche Haftpflichtfragen bei der Ärztekammer Westfalen-Lippe, Bemerkungen über Entscheidungsfindung und Akzeptanz, in: *Arbeitsgemeinschaft Rechtsanwälte im Medizinrecht e.V. (Hrsg.),* Gutachterkommissionen und Schlichtungsstellen. Anspruch, Praxis, Perspektiven, Berlin u.a., 1990, S. 99.

# 11. Politik

*Curle, Adam,* In the middle. Non-official mediation in violant situation, New York 1986.

*Emerson, Peter J.,* The politics of consensus. For the resolution of conflict and reform of majority rule, Belfast 1994.

*Emerson, Peter J.,* Beyond the Tyranny of the Majority. Voting methodologies in decision-making and electoral systems, Belfast 1998.

*Williams, Sue and Steve,* Being in the middle by being at the edge. Quaker experience of non-official political mediation, London 1994.

*Van der Merwe, Hendrik W.,* Pursuing justice and peace in South Africa, London 1989.

*Johnston, Douglas/Sampson, Cynthia,* Religion, the missing dimension of state craft, New York 1994, (Project of Pentagon Studies).

# Autorenverzeichnis

PROF. DR. REINER BASTINE
Ruprecht-Karls-Universität Heidelberg
Psychologisches Institut – Klinische Psychologie –

ANDREA BUDDE
Rechtsanwältin, Fachanwältin für Arbeitsrecht, Mediatorin, Köln

HANNELORE DIEZ
Mediationswerkstatt Münster

PETER J. EMERSON
Direktor des de Borda Instituts Belfast, Nordirland

HEIDRUN GERWENS-HENKE
Rechtsanwältin und Mediatorin (BAFM), Ausbildungsleiterin des
Instituts für Konfliktberatung und Mediation (IKOM), Bonn

HEINER KRABBE
Mediationswerkstatt Münster

ROLAND KUNKEL
Organisationsberater, Berlin

PROF. DR. ANGELA MICKLEY
Fachhochschule Potsdam, Fachbereich Sozialwesen

PROF. DR. ROLAND PROKSCH
Evangelische Stiftungshochschule Nürnberg, Institut für Soziale und
Kulturelle Arbeit (ISKA), Nürnberg

GEORG SCHMIDT-VON RHEIN
Präsident des Landgerichts Darmstadt

PROF. DR. DIETER RÖSSNER
Philipps-Universität Marburg, Fachbereich Rechtswissenschaften,
Institut für Kriminalwissenschaften

DIETER SCHOLZ
Vorsitzender des DGB-Landesbezirkes Berlin – Brandenburg

PROF. DR. DIETER STREMPEL
Philipps-Universität Marburg, Fachbereich Rechtswissenschaften

DR. BERND WEGMANN
Notar, Ingolstadt

BIRGIT WEINMANN-LUTZ
Ruprecht-Karls-Universität Heidelberg
Psychologisches Institut – Klinische Psychologie –